この本の特色としくみ

本書は，中学3年間の英語の内容を3段階のレベルに分け，それらをステップ式で学習できる問題集です。各単元は，Step1(基本問題)とStep2(標準問題)の順になっていて，章末にはStep3(実力問題)があります。また，巻頭には「1・2年の復習」を，巻末には「総仕上げテスト」を設けているため，復習と入試対策にも役立ちます。

重要点をつかもう
文法に関するポイントを簡潔にまとめています。まずはここを読んで理解しましょう。

ひと休み
ちょっとした豆知識などを紹介しています。

「重要点をつかもう」の補足説明や，押さえておきたいポイントなどです。

注意
間違ってしまわないように気をつけましょう。

参考
他にも知っておいた方がよいと思われる内容をまとめています。

くわしく
より深く理解できるようポイントをまとめています。

本書に関する最新情報は，小社ホームページにある**本書の「サポート情報」**をご覧ください。（開設していない場合もございます。）
なお，この本の内容についての責任は小社にあり，内容に関するご質問は直接小社におよせください。

あなたは学生ですか

〈be 動詞・一般動詞〉

【　　月　　日】

🎯 重要点をつかもう

1 Are you a student? — Yes, I am. / No, I'm not. 　📍ポイント❶

（あなたは学生ですか。— はい，そうです。／ いいえ，ちがいます。）

2 Do you know Tom? — Yes, I do. / No, I don't. 　📍ポイント❷

（あなたはトムを知っていますか。— はい，知っています。／ いいえ，知りません。）

3 My father is reading a newspaper. 　📍ポイント❸

（私の父は新聞を読んでいます。）

📍**ポイント❶** **be 動詞の現在形**…主語によって **am**，**is**，**are** を使い分ける。

・I → **am**　　・I と you 以外（3人称）の単数 → **is**　　・you，複数のとき → **are**

否定文…〈**am**，**is**，**are**＋**not**〉　　**疑問文**…〈**Am**，**Is**，**Are**＋主語 ～?〉

📍**ポイント❷** **一般動詞の現在形**…主語によって形がかわる。

・I，you，複数 → 動詞は原形。

・I と you 以外（3人称）の単数 → 原形の語尾に **s**，**es** をつける。（例外 have → **has**）

否定文…〈**don't〔do not〕**，**doesn't〔does not〕**＋**動詞の原形**〉

疑問文…〈**Do**，**Does**＋主語＋**動詞の原形**～?〉

📍**ポイント❸** 「（今）～している」という現在進行中の動作は〈**be 動詞の現在形**＋**～ing**〉で表す。

I **am running** now.「私は今，**走っています**。」〈**am**，**is**，**are**＋**～ing**〉「（今）～している」

Step 1 基本問題

解答▶別冊 1 ページ

1 [be 動詞の現在形] 次の英文の＿＿＿に am，is，are の中から適切なものを入れなさい。

(1) I ＿＿＿＿＿ fifteen years old now.

(2) You ＿＿＿＿＿ very kind to me.

(3) This book ＿＿＿＿＿ very interesting.

(4) Our parents ＿＿＿＿＿ in the kitchen.

(5) It ＿＿＿＿＿ very cold today.

(6) He and I ＿＿＿＿＿ good friends.

(7) Mike and Kenji ＿＿＿＿＿ playing tennis over there.

🔵 語句　parents「両親」　over there「向こうで」　be kind to ～「～に親切にする」

Guide

🔍 確認 主語の人称と be 動詞の形

▶**1**(1)主語が I のときは am，(2)主語が you のときは are を使う。(3)と(5)の主語は 3 人称単数なので is。(4)，(6)，(7)は主語が複数であることに注意する。

2 [一般動詞と主語の関係] 次の日本文に合うように，_____ に適切な語を入れなさい。

(1) 私たちはテニスがとても好きです。

We _____ tennis very much.

(2) あなたはとても上手に日本語を話します。

You _____ Japanese very well.

(3) グリーン先生は私たちに英語を教えてくれます。

Ms. Green _____ us English.

(4) 私の町には公園がたくさんあります。

My town _____ a lot of parks.

3 [be 動詞・一般動詞の疑問文と否定文] 次の英文を（　　）内の指示にしたがって書きかえ，_____ に適語を入れなさい。

(1) I have a sister.　（否定文に）

I _____ a sister.

(2) You are a soccer fan.　（否定文に）

You _____ a soccer fan.

(3) Ken lives in Osaka.　（疑問文に）

_____ Ken _____ in Osaka?

(4) [(3)の答えとして]

Yes, he _____.

(5) Yumi and Mike are classmates.　（疑問文に）

_____ Yumi and Mike classmates?

(6) [(5)の答えとして]

No, they _____.

4 [現在進行形] 次の日本文に合うように，_____ に適切な語を入れなさい。

(1) 私は今，テレビを見ています。

I _____ TV now.

(2) あなたは今，京子を待っているのですか。

_____ you _____ for Kyoko now?

(3) 彼は今，手紙を書いていません。

He _____ a letter now.

 一般動詞の 3 人称単数現在形

▶動詞の原形の語尾に s をつけるのが基本だが，語尾によって次のようにする。

① 「子音字＋y」のとき…y を i にかえて es をつける。

study → studies

② o，ch，sh，s，x のとき …es をつける。

teach → teaches

否定文・疑問文の作り方

▶否定文の作り方

・be 動詞の文…be 動詞のあとに not を置く。

・一般動詞の文…動詞の前に don't，doesn't を置く。動詞は原形。

▶疑問文の作り方

・be 動詞の文…be 動詞を主語の前に出す。

・一般動詞の文…主語の前に do，does を置く。動詞は原形。

 ～ ing 形の作り方

①たいていの語…語尾に ing をつける。

cook → cooking

②〈子音字＋e〉で終わる語… e をとって ing をつける。

write → writing

③〈アクセントのある短母音＋子音字〉で終わる語…子音字を重ねて ing をつける。

swim → swimming

④ ie で終わる語…ie を y にかえて ing をつける。

die → dying

2 1・2年の復習

何人の姉妹がいますか

〈複数形・How many〉

重要点をつかもう

1 I have two cats. **ポイント❶**

（私は**2匹の猫**を飼っています。）

2 **How many** sisters do you have? **ポイント❷**

（あなたには**何人の姉妹**がいますか。）

ポイント❶ **数えられる名詞**について「1つのもの・人」を表すときは，名詞の前に **a**，**an** をつける。「2つ以上のもの・人」を表すときは，名詞に **s** や **es** をつけて，複数形にする。

a cat（単数形）「1匹の猫」 → cats（複数形）「（2匹以上の）猫」

a book「1冊の本」 → books「（2冊以上の）本」

an eraser「1つの消しゴム」 → erasers「（2つ以上の）消しゴム」

a bus「1台のバス」 → buses「（2台以上の）バス」

ポイント❷ 「いくつ〔何人〕の～」と数をたずねるときは，**How many** を使い，たずねるものや人の名詞の複数形を続ける。そのあとは，通常の疑問文の語順にする。

〈**How many＋名詞の複数形＋疑問文の語順～?**〉

Step 1 基本問題

解答▶別冊1ページ

1 [単数形・複数形] 次の英文の（　　）内から適切な語句を選んで○で囲みなさい。

(1) She has (a, an) aunt.

(2) Some (a classmate, classmates) are in the gym.

(3) Can I use your (a dictionary, dictionaries)?

(4) My father has a lot of (a CD, CDs).

(5) Mika wants a new (bag, bags).

(6) Is (an orange, oranges) in the bag?

語句　aunt「おば」　gym「体育館」　orange「オレンジ」

2 [複数形] 次の名詞を複数形にしなさい。

(1) dog　----------------

(2) box　----------------

(3) boy　----------------

(4) story　----------------

(5) life　----------------

(6) man　----------------

Guide

確認 a や an の使い方

▶an は名詞の初めの音が「ア，イ，ウ，エ，オ」に近い母音の場合に使われる。「1つの～，1人の～」という意味を表す a や an は，two や some などの複数を表す語句，your や this などとはいっしょに使うことができない。

くわしく 名詞の複数形の作り方

▶①語尾が s，x，ch，sh などの単語→ es をつける。

②語尾が〈子音字＋y〉の単語→ y を i にかえて es をつける。

③語尾が f，fe の単語→ f，fe を v にかえて es をつける。

3 [複数形] 次の英文を（　　）内の指示にしたがって書きかえなさい。

(1) I have a racket. （a を three にかえて）

I have _____ _____.

(2) Can you see a horse? （a を any にかえて）

Can you see _____ _____?

(3) I have a cup of coffee every morning. （a を two にかえて）

I have two _____ of _____ every morning.

🌙 語句　racket「ラケット」　horse「馬」

4 [How many の疑問文] 次の英文を，下線部をたずねる疑問文にしなさい。

(1) I have <u>two</u> bikes.

_____ do you have?

(2) There are <u>five</u> pencils.

_____ are there?

(3) She has <u>no</u> pets.

_____ does she have?

🌙 語句　pet「ペット」

5 [How many の疑問文] 次の日本文に合うように，（　　）内の語句を並べかえなさい。

(1) あなたには何人の兄弟がいますか。

(do, you, how, brothers, many, have)?

_____

(2) ケンは何冊のマンガ本を持っていますか。

(many, have, Ken, how, comic books, does)?

_____

(3) 公園には何本の木がありますか。

(are, trees, the park, many, there, how, in)?

_____

1・2年の復習

第1章
第2章
第3章
第4章
第5章
第6章
第7章
総仕上げテスト

some と any

▶「いくつかの〜，いくらかの〜」という数量を表す場合，some や any を使う。
肯定文では some を，否定文や疑問文には any を使う。

数えられない名詞の量の表し方

▶ water や coffee，bread など液体や物質を表す名詞は普通，複数形にならず，容器や単位を表す語を使って量を表す。

How many 〜の疑問文の作り方

▶数をたずねる疑問文では，How many のあとに数をたずねるものや人を表す名詞の複数形を続ける。

「1つも〜ない」という言い方

▶〈no＋名詞の複数形〉で「1つの〜もない」という意味を表す。

s や es をつけない名詞の複数形

▶ foot「足」の複数形は feet，child「子ども」の複数形は children など，形そのものが変わる単語がある。また，sheep「ひつじ」や Japanese「日本人」のように，単数形と複数形が同じ形のものもある。

英語を話すことができますか 〈助動詞〉

重要点をつかもう

1 **Can you** speak English? — Yes, I **can.** / No, I **can't.** **ポイント❶**

（英語を話すことができますか。— はい，できます。／ いいえ，できません。）

2 You **must not** play soccer here. **ポイント❷**

（ここでサッカーをしてはいけません。）

ポイント❶ **can**，**may**，**should**，**must** などを**助動詞**という。

〈**助動詞＋動詞の原形**〉の形で使い，動詞に特別な意味を加える。

You **can speak** English. 「あなたは英語**を話すことができます。**」

　　〈can＋動詞の原形〉＝「話す＋できる」

can 「〜できる」，**may** 「〜かもしれない」，**should** 「〜するべき」，

must 「〜しなければならない」，**will** 「〜するだろう」 など

ポイント❷ **否定文**…〈**助動詞＋not＋動詞の原形**〉　　**疑問文**…〈**助動詞＋主語＋動詞の原形〜?**〉

助動詞＋not は短縮形を使うことが多い。

can＋not → **can't**，should＋not → **shouldn't**，must＋not → **mustn't**

Step **1** 基本問題

解答▶別冊2ページ

1 ［助動詞の基本的な使い方］次の日本文に合うように，_____ に
適切な語を入れなさい。

(1) 疲れているようです。早く寝るべきですよ。

You look tired. You _____ go to bed early.

(2) 彼女は来年，世界中を旅行するでしょう。

She _____ travel around the world next year.

(3) 今日の午後は雨が降るかもしれません。

It _____ rain this afternoon.

(4) アンはフランス語が話せますが，マイクは話せません。

Ann _____ speak French, but Mike _____ .

(5) それをすぐにしなければいけませんか。

_____ I do it at once?

(6) ［(5)の答えとして］いいえ，その必要はありません。

No, you _____ .

語句　at once「すぐに」

Guide

確認 助動詞の形

▶助動詞は主語によって形が
かわるということはない。ま
た助動詞の後ろに置く動詞は
必ず原形にする。

くわしく 助動詞の否定形

▶ cannot, can't
助動詞の否定形は〈助動詞＋
not〉で表すが，can は1語
で cannot か短縮形の can't
にするのが一般的。

▶ must not,
　don't have to 〜
must の否定形 must not は
「〜してはいけない」という意
味で禁止を表す。「〜する必要
はない」という意味を表す場
合は don't have to 〜を使う。

2 [助動詞の発展的な意味] 次の日本文に合うように，英文の（　　）内から適切な語を選んで○で囲みなさい。

(1) この本は面白いにちがいない。

This book (must, can) be interesting.

(2) 窓を閉めてもいいですか。

(Will, May) I close the window?

(3) この仕事を手伝ってもらえますか。

(Should, Can) you help me with this work?

🗨 語句　help A with B「A の B を手伝う」

3 [助動詞の書きかえ] 次の各組の英文がほぼ同じ意味になるように，（　　）内から適切な語を選んで○で囲みなさい。

(1) My brother can run fast.

My brother is (going, able) to run fast.

(2) Mike must solve the problem.

Mike (has, have) to solve the problem.

(3) Ken and Tom will play tennis tomorrow.

Ken and Tom (is, are) going to play tennis tomorrow.

🗨 語句　solve「解く」

4 [慣用表現] 次の英文を日本語にしなさい。

(1) Shall we go shopping?

（　　　　　　　　　　　　　　　　　　　　　　　）

(2) Could you help me?

（　　　　　　　　　　　　　　　　　　　　　　　）

(3) I would like some tea.

（　　　　　　　　　　　　　　　　　　　　　　　）

(4) Shall I call you later?

（　　　　　　　　　　　　　　　　　　　　　　　）

(5) Do I have to get up early?

（　　　　　　　　　　　　　　　　　　　　　　　）

🗨 語句　go ~ ing「〜しに行く」　later「あとで」

 くわしく　複数の意味を持つ助動詞

▶助動詞には，複数の意味があることに注意する。

・must
　① 「〜しなければならない」
　② 「〜にちがいない」
・may
　① 「〜かもしれない」
　② 「〜してもよい」

 確認　助動詞の言いかえ

▶助動詞にはほかの表現に言いかえることができるものもある。以下はその代表例。

・can「〜することができる」
　= be able to 〜
・must「〜しなければならない」= have〔has〕to 〜
・will「〜だろう」=
　be going to 〜

 くわしく　助動詞を使った慣用表現

・Shall we 〜 ?「〜しましょうか。」= Let's 〜 .「〜しましょう。」
・Could you 〜 ?「〜していただけませんか。」
　(Can you 〜 ?のていねいな言い方)
・would like 〜「〜をいただきたい」
　(want のていねいな言い方)
・Shall I 〜 ?「〜しましょうか。」

 確認　have〔has〕to 〜の否定文と疑問文

否定文…don't〔doesn't〕
　　　　have to 〜「〜する
　　　　必要はない」
疑問文…〈Do〔Does〕＋主語
　　　　＋have to 〜 ?〉
　　　　「〜しなければいけ
　　　　ませんか。」

1・2年の復習

動物園へ行きました 〈過去形〉

●──重要点をつかもう

1　Where **were** you last week? — I **was** in Osaka.　☞ポイント❶
（先週，あなたはどこにいましたか。— 大阪にいました。）

2　I **went** to the zoo yesterday. — **Did** you?　I **watched** TV at home.　☞ポイント❷
（昨日，私は動物園へ行きました。— そうでしたか。私は家でテレビを見ました。）

3　I **wasn't sleeping** at that time.　☞ポイント❸
（そのとき，私は**眠っていませんでした**。）

☞ポイント❶　**be 動詞の過去形**…主語によって **was**，**were** を使い分ける。
　　・you 以外の単数→ **was**（am，is の過去形）　・you，複数→ **were**（are の過去形）
　　否定文…〈was，were＋not〉　　**疑問文**…〈Was，Were＋主語 ～?〉

☞ポイント❷　**一般動詞の過去形**…主語に関係なく次の2種類がある。
　　①**規則動詞** → 動詞の原形の語尾に **ed** をつけるもの。
　　②**不規則動詞** → 特有の変化をするもの。　go → **went**，come → **came** など
　　否定文…〈didn't〔did not〕＋動詞の原形〉　　**疑問文**…〈Did＋主語＋動詞の原形 ～?〉

☞ポイント❸　**過去進行形**…〈**was**，**were**＋～ing〉「（過去のあるときに）～していた」
　　I **was running** then.「私はそのとき，走っていました。」

Step 1 基本問題

解答▶別冊 2 ページ

1　[be 動詞の過去形] 次の英文の（　　）内から適切な語を選んで○で囲みなさい。

(1) The students (was, were, are) tired yesterday.

(2) I (am, were, was) in Tokyo two years ago.

(3) It (were, was, is) cold last Sunday.

(4) Ken and Mike (are, were, was) in the park yesterday.

(5) He (was, is, were) a student last year.

2　[規則動詞の過去形] 次の動詞を過去形にしなさい。

(1) help　　──────────　(2) walk　　──────────

(3) play　　──────────　(4) live　　──────────

(5) study　　──────────　(6) stop　　──────────

Guide

確認🔍　**規則動詞の過去形**

▶多くの語は語尾に ed をつけるが，次の点に注意する。

・e で終わる語…d だけをつける。
like → lik**ed**

・「子音字 +y」で終わる語…y を i にかえて ed をつける。
cry → cr**ied**

・「アクセントのある短母音 + 子音字」で終わる語…子音字を重ねて ed をつける。
drop → drop**ped**

3 ［不規則動詞の過去形］次の英文の（　）内の語を，適切な形に直しなさい。

(1) My uncle（give）me a watch last month.　　　------------

(2) We（eat）sushi for dinner yesterday.　　　------------

(3) Bob（read）that book last year.　　　------------

🍪 語句　uncle「おじ」

4 ［否定文の作り方］次の英文を否定文にしなさい。

(1) Mr. Oka was here an hour ago.

----

(2) Tom's father used this room last night.

----

5 ［疑問文の作り方］次の英文を疑問文にしなさい。

(1) Ken was in the library yesterday.

----

(2) Yumi took pictures in Nara last week.

🍪 語句　take pictures〔a picture〕「写真を撮る」

6 ［過去進行形］次の日本文に合うように，_____に適切な語を入れなさい。

(1) 彼女は1時間前，お風呂に入っていました。

She ------------ ------------ a bath an hour ago.

(2) 私たちはそのとき，海で泳いでいました。

We ------------ ------------ in the sea at that time.

(3) 弟はそのとき，勉強していませんでした。

My brother ------------ ------------ then.

(4) 彼らは昨夜9時に眠っていましたか。

------------ they ------------ at nine last night?

(5) ［(4)の答えとして］いいえ，眠っていませんでした。

No, ------------ ------------.

🍪 語句　take a bath「風呂に入る」

 過去形 read

▶ read の過去形は read で，つづりはかわらないが発音が異なる。
　現在形：read[ri:d]
　過去形：read[red]

否定文・疑問文の作り方

▶**否定文の作り方**
・be 動詞の文…be 動詞のあとに not を置く。
・一般動詞の文…動詞の前にdidn't〔did not〕を置く。動詞は原形になる。
▶**疑問文の作り方**
・be 動詞の文…be 動詞を主語の前に置く。
・一般動詞の文…主語の前にdid を置く。動詞は原形になる。

過去進行形の否定文と疑問文

▶過去進行形の否定文と疑問文の作り方は be 動詞の文と同じ。

1・2年の復習
第1章
第2章
第3章
第4章
第5章
第6章
第7章
総仕上げテスト

Step 2 標準問題

解答▶別冊3ページ

1 次の英文の（　　）内から適切な語句を選びなさい。(18点)

(1) (Do, Does, Are, Have) she like reading books?　〔栃　木〕　..................

(2) I (study, studies, studied, will study) math last weekend.　〔栃　木〕　..................

(3) Maria (watching, watches, to watch, was watching) a baseball game on TV then.

〔沖縄－改〕　..................

(4) Yuka and I (am, was, are, is) in the same class now.　..................

(5) John (does, was, is doing, was doing) his homework when his sister went into his room.　〔駒込高－改〕　..................

(6) I (know, knows, knowing, am knowing) his brother well now.　..................

🟡 語句　same「同じ」

2 次の日本文に合うように，_____ に適切な語を入れなさい。(16点)

(1) あなたは消しゴムが1つ，必要ですか。

Do you need .... ?

(2) 私たちは週に6回の英語の授業があります。

We have six English .... a week.

(3) ミカは公園で5人の子どもを見ました。

Mika saw five .... in the park.

(4) あなたの町にはいくつ図書館がありますか。

.... are there in your town?

3 次の_____ に適切な語を入れて，対話文を完成しなさい。(16点)

(1) A : .... many .... can Tom speak?

B : He can speak three languages.

(2) A : .... you a member of the group last year?　〔関西学院高〕

B : Yes, I ....

(3) A : .... Mary and Tom watching television?　〔高知学芸高〕

B : No. Mary is reading a book and Tom is playing a video game.

(4) A : .... Koji go to school?

B : He goes to school by bike.

🟡 語句　a member of ～「～の一員」　video game「テレビゲーム」

4 次の各組の英文がほぼ同じ意味になるように，＿＿に適切な語を入れなさい。(18点)

(1) Let's have some tea at that café.　　　　　　　　　　　　　〔慶應義塾高〕

　　= ＿＿＿＿＿＿ ＿＿＿＿＿ have some tea at that café?

(2) Don't be noisy in the library.

　　= You ＿＿＿＿＿＿ ＿＿＿＿＿＿ be noisy in the library.

(3) Do you want something to drink?

　　= ＿＿＿＿＿＿ you ＿＿＿＿＿＿ something to drink?

🟡 語句　café「喫茶店」　noisy「うるさい」

重要 **5** 次の日本文に合うように，（　　　）内の語句を並べかえなさい。(18点)

(1) あなたは英語でレポートを書く必要はありません。

You (write，have，the report，to，don't) in English.

You ＿＿＿＿＿＿＿＿＿＿＿＿＿＿＿＿＿＿＿ in English.

(2) 私たちはお年寄りに親切にするべきです。

(we，kind，people，be，to，old，should).

＿＿＿＿＿＿＿＿＿＿＿＿＿＿＿＿＿＿＿＿＿＿＿

(3) 私に何か温かい飲み物をくださいませんか。　　　　　　　　〔実践学園高〕

Could (me，hot，give，drink，to，something，you)?

Could ＿＿＿＿＿＿＿＿＿＿＿＿＿＿＿＿＿＿＿ ?

🟡 語句　report「レポート」　in English「英語で」

記述式 **6** 次のような状況において，あとの(1)，(2)のとき，あなたならどのように言いますか。それぞれ4語以上の英文を書きなさい。ただし，I'mなどの短縮形は1語として数え，コンマ(,)，ピリオド(.)などは語数に入れません。(14点)

【状況】
> あなたは修学旅行で東京に来ています。外国からの旅行者に写真撮影を頼まれ，その後，その旅行者と少しの間，会話を楽しんでいます。

(1) その外国人旅行者に，出身地をたずねるとき。

＿＿＿＿＿＿＿＿＿＿＿＿＿＿＿＿＿＿＿＿＿＿＿＿＿＿＿

(2) 好きな日本の食べ物をたずねるとき。

＿＿＿＿＿＿＿＿＿＿＿＿＿＿＿＿＿＿＿＿＿＿＿＿＿＿＿

★☆★

ワンポイント
4 (2)否定の命令文は「～してはいけない」と考える。
5 (3)「何か温かい飲み物」は〈something＋形容詞＋to＋動詞の原形〉を使って表現する。

Step ③ 実力問題

時 間	合格点	得 点
40分	80点	点

解答▶別冊 4 ページ

1 次の英文の(　)内の語を並べかえなさい。(24点)

(1) You don't (there, to, have, go) if you are busy.　〔神奈川〕

You don't _____ if you are busy.

(2) (coins, do, have, how, in, many, you, your) pocket?　〔実践学園高〕

_____ pocket?

(3) (songs, these, brother, like, likes, your, does)?（1語不要）　〔神奈川〕

_____

2 次の対話文の(　)にあてはまる最も適切なものを選び，記号で答えなさい。(21点)

(1) *A* : (　　) you like some coffee?　　*B* : Yes, please.　〔沖　縄〕

ア May　イ Are　ウ Must　エ Would

(2) *A* : You look beautiful in that dress.　　*B* : (　　)　〔栃　木〕

ア Me, too.　イ Oh, do you?　ウ Thank you.　エ You did.

(3) *A* : I have to do much work.　〔長野－改〕

B : (　　)

A : Thank you. Please carry these books to the library.

ア Shall I help you?　　イ May I go home?

ウ Will you help me?　　エ Can you do my work?

3 次の英文は，ノースタウン映画館(Northtown Movie Theater)の入り口にある案内です。これを読んで，あとの問いに答えなさい。(20点)　〔北海道－改〕

Today's Movies		
Names of the Movies	Time the show starts	
The Great Dog Story	10:00 a.m.	4:00 p.m.
Lisa and Her Little Friends	1:30 p.m.	6:30 p.m.
Adult: 15 dollars　　Child: 7 dollars		

(1) How many shows start before noon?

_____

(2) How much is it if one adult and two children see a show at Northtown Movie Theater?

_____

4 中学生の京子(Kyoko)は英語教師のハリス先生(Mr. Harris)と山田先生(Ms. Yamada)と職員室で話をしています。これを読んで，あとの問いに答えなさい。 (35点)〔愛媛－改〕

Kyoko : Yesterday I went to the city library. When I was going home, a foreign woman came to me. She tried to say something in Japanese, but I couldn't understand it well.

Ms. Yamada : Then what (　 ⓐ 　) you do?

Kyoko : I ①talk<u>ed</u> to her in English. She ㋐look<u>ed</u> happy and said, "Where is the station?"

Mr. Harris : I see. She ㋑want<u>ed</u> to go to the station but didn't know how.

Kyoko : That's right. I was going there to go home. So I said to her, "Please come with me."

Ms. Yamada : You (　 ⓑ 　) very kind, Kyoko. Did you talk with her in English when you (　 ⓑ 　) going to the station with her?

Kyoko : ___② ___ We (　 ⓒ 　) yesterday for the first time. Her name is Linda. She's from London. She's studying Japanese now. So I ㋒tri<u>ed</u> to talk with her in English and Japanese. I sometimes (　 ⓓ 　) some gestures, too. I ㋓enjoy<u>ed</u> having a conversation with her. ③私は次の土曜日に彼女と買い物に行くつもりです。

Ms. Yamada : I'm glad to hear that. There (　 ⓔ 　) some foreign people in this city. We can (　 ⓕ 　) a lot of things from them. We should try to talk with them and understand each other.

Mr. Harris : I think so, too.

注 foreign「外国の」 gesture「身ぶり，ジェスチャー」 conversation「会話」 each other「お互い」

(1) ⓐ～ⓕに，次の語を適切な形に直して入れなさい。ただし，同じ語を2回使ってもよい。

use　be　learn　do　meet

(18点)

ⓐ _____　ⓑ _____　ⓒ _____　ⓓ _____
ⓔ _____　ⓕ _____

(2) ①の語の下線部と同じ発音を含む語を㋐～㋓から1つ選びなさい。(3点)　(　　　)

(3) ② にあてはまる最も適切な記号を選びなさい。(6点)　(　　　)

ア Yes, I was.　　イ No, I wasn't.　　ウ Yes, I did.　　エ No, I didn't.

(4) 下線部③の日本文を英語にしなさい。(8点)

語句 Shall I ～?「～しましょうか。」 May I ～?「～してもいいですか。」 adult「大人」 dollar「ドル」

5 カナダを訪れる予定です 〈未来の表現〉

重要点をつかもう

1 **Will** it **be** rainy tomorrow? — Yes, it **will**. / No, it **won't**. ポイント❶

(明日は雨になるでしょうか。— はい，なるでしょう。／ いいえ，ならないでしょう。)

2 I **am going to** visit Canada next week. ポイント❷

(来週，私はカナダを訪れる予定です。)

ポイント❶ 〈will＋動詞の原形〉…「～だろう」「～するつもりだ」といった**未来**のことを表す。

It **will be** rainy tomorrow.「明日は雨に**なるでしょう**。」
　　　　〈will＋動詞の原形〉

否定文…〈**will not**〔**won't**（短縮形）〕＋**動詞の原形**〉　　**疑問文**…**will** を主語の前に置く。

ポイント❷ 〈**be going to**＋**動詞の原形**〉…**確定的な未来**を表し，〈will＋動詞の原形〉と置きかえることができる。

否定文…**be** 動詞のあとに **not** を置く。　　**疑問文**…**be** 動詞を主語の前に置く。

Step 1 基本問題

解答▶別冊 5 ページ

1 [will＋動詞の原形] 次の日本文に合うように，＿＿に適切な語を入れなさい。

(1) 私は明日，忙しいでしょう。

I ＿＿＿＿＿ ＿＿＿＿＿ busy tomorrow.

(2) 真理は来週，私に数学を教えてくれます。

Mari ＿＿＿＿＿ ＿＿＿＿＿ me math next week.

(3) 由美は今晩，テレビを見ないでしょう。

Yumi ＿＿＿＿＿ ＿＿＿＿＿ TV this evening.

(4) あなたは明日，英語を勉強しますか。

＿＿＿＿ you ＿＿＿＿ English tomorrow?

(5) [(4)の答えとして] はい，します。

Yes, ＿＿＿＿＿ ＿＿＿＿＿.

(6) 彼女は来年，日本に来るつもりですか。

＿＿＿＿ she ＿＿＿＿ to Japan next year?

(7) [(6)の答えとして] いいえ，来ないでしょう。

No, ＿＿＿＿＿ ＿＿＿＿＿.

Guide

確認 will の否定文と疑問文

▶否定文
〈will not〔won't〕＋動詞の原形〉

▶疑問文
〈Will＋主語＋動詞の原形～?〉
{ Yes, 主語＋will.
　No, 主語＋won't.
で答える。

くわしく will と be going to ～

▶ will と be going to ～は互いに置きかえることができるが，異なる意味合いも持つ。「単なる未来」や「意志」は will で表し，「確定的な未来＝予定」は be going to ～で表すことが多い。

2 [be going to＋動詞の原形] 次の英文を be going to を用いて書きかえなさい。

(1) I will eat this cake.

....

(2) She will watch TV tonight.

....

(3) They will not go to school by bus.

....

(4) Will Bob come home in an hour?

....

🟡語句 in＋時間「〜後に」

3 [未来を表す表現] 次の英文の（　　）内から適切な語句を選びなさい。

(1) This class (is going, will, going to) begin in April.

....

(2) I'm (am going, will, going to) finish my homework soon.

....

(3) It (want, is not going, won't) be rainy tomorrow.

....

4 [疑問詞のある疑問文] 次の英文を，下線部が答えの中心になる疑問文に書きかえなさい。

(1) Ken will practice basketball after school.

....

(2) They will play tennis tomorrow.

....

(3) She is going to study in the library.

....

(4) Mike will help you.

....

1・2年の復習

第1章
第2章
第3章
第4章
第5章
第6章
第7章
総仕上げテスト

確認 be going to 〜 の文

▶ be going to 〜
be going to 〜は主語に応じて be 動詞を使い分ける。
・主語が I
　→ am going to 〜
・主語が you，複数
　→ are going to 〜
・主語が 3 人称単数
　→ is going to 〜
▶ be going to の否定文と疑問文
否定文…be 動詞 の あ と に not を置く。
疑問文…be 動詞を主語の前に置く。

ひと休み 日本と欧米の学校のちがい

▶日本ではふつう4月に新学年が始まるが，アメリカやイギリスでは9月に新学年が始まることが多い。またアメリカでは，地域によって，日本で言うところの小学校・中学校・高校の区切りの年が異なり，日本の小学校・中学校・高校を単純に置きかえることはできない。

確認 疑問詞の種類

・what 「何（を）」
・when 「いつ」
・where 「どこで〔に〕」
・who 「だれ」
・whose 「だれの」
・how 「どう，どのように」

6 1・2年の復習 旅行することは楽しい 〈不定詞・動名詞〉

重要点をつかもう

1 To travel abroad is great fun. ポイント❶

　Traveling abroad is great fun.

（海外**旅行すること**はとても楽しい。）

2 I want to read the book. ポイント❷

（私はその本が**読みたい**。）

ポイント❶ **不定詞（名詞的用法）・動名詞**…「〜すること」という意味を表す。文の主語，目的語，補語になる。

To travel abroad is great fun.

Traveling abroad is great fun. 「海外**旅行をすること**はとても楽しい。」

to travel ＝ traveling「旅行すること」→文の主語になっている

ポイント❷ **不定詞と動名詞**…動詞の目的語として①**不定詞をとる動詞**，②**動名詞をとる動詞**，③**両方を目的語にとる動詞**の3種類がある。

I **want to read**（× reading）the book.「私はその本が**読みたい**。」

want は不定詞を目的語にとる(動名詞を目的語にとらない)

I **finished** reading（× to read）the book.「私はその本を**読み終えた**。」

finish は動名詞を目的語にとる(不定詞を目的語にとらない)

前置詞の後ろに動詞がくるときは動名詞になる。

Step 1 基本問題

解答▶別冊5ページ

1 [動名詞の基本] 次の日本文の意味に合うように，_____ に適切な語を入れなさい。

(1) 英語を学ぶことは簡単ではありません。

　_____ English is not easy.

(2) 私の趣味は花を育てることです。

　My hobby is _____ flowers.

(3) 彼は海で泳ぐことが好きです。

　He likes _____ in the sea.

(4) 喫煙は健康によくありません。

　_____ is not good for the health.

🌙 語句　hobby「趣味」　smoke「たばこを吸う」　health「健康」

Guide

🎓 **動名詞と不定詞**

・**動名詞を目的語にとる動詞**
　→ enjoy, finish, stop
　　　　　　　　　　など
・**不定詞を目的語にとる動詞**
　→ want, hope, decide
　　　　　　　　　　など
・**両方を目的語にとる動詞**
　→ begin, like, love, start
　　　　　　　　　　など

2 ［不定詞（名詞的用法）の基本］次の英文の（　）内の語を並べかえなさい。

(1) He likes (to, music, to, listen).

He likes _____.

(2) (books, to, good, read) is important.

_____ is important.

(3) Her dream is (become, doctor, a, to).

Her dream is _____.

(4) His work is (drive, car, a, to).

His work is _____.

3 ［不定詞と動名詞］次の英文の（　）内から適切な語句を選んで○で囲みなさい。

(1) Do you enjoy (watching, to watch) TV after dinner?

(2) Did you decide (buying, to buy) that CD?

(3) Stop (to talk, talking). Listen to me !

(4) It began (raining, rain). Let's take a bus.

(5) I want (to go, going) to bed.

(6) How about (going, to go) to the river?

4 ［不定詞と動名詞］次の英文を日本語にしなさい。

(1) Ken wants to be a soccer player.

_____

(2) Drawing pictures is her hobby.

_____

(3) We started to sing the song.

_____

(4) He is good at playing tennis.

_____

(5) Kumi likes making cakes.

_____

🐦 語句　be good at「～が得意である」　draw「（線で絵を）描く」

1・2年の復習

第1章

第2章

第3章

第4章

第5章

第6章

第7章

総仕上げテスト

確認 🔍 **不定詞**

▶〈to＋動詞の原形〉を不定詞という。不定詞には，「～すること」という意味を表す名詞的用法のほかに，「～するための，すべき」という意味を表す形容詞的用法，「～するために，～して」という副詞的用法がある。（→くわしくは，p.52）

くわしく 🎓 **stop ～ing と stop to ～**

▶ stop は目的語として動名詞しかとらないが，stop to ～という形はある。これは「～するために立ち止まる」という不定詞の副詞的用法を使った文で，この to ～は「～すること」の意味ではない。

参考 📖 **〈動詞＋不定詞〉の意味**

・want to ～「～することを欲する」→「～したい」

・want to be ～「～になることを欲する」→「～になりたい」

・like to ～「～することが好きだ」

・start[begin] to ～「～し始める」

暑いので窓を開けました

〈接続詞 if など〉

重要点をつかもう

1 I think **that** he'll become a good scientist. （ポイント❶）

（私は，彼が立派な科学者になる**と思います**。）

2 I opened the window **because** it was too hot. （ポイント❷）

（あまりに暑かった**ので**，窓を開けました。）

3 **If** it rains tomorrow, we will not go there. （ポイント❸）

（明日**雨が降れば**，私たちはそこには行きません。）

接続詞…語句と語句，文と文などをつなぐ役割を果たす。

（ポイント❶） **that**…think, know などの動詞のあとに続き，〈**A（主語＋動詞）＋that＋B（主語＋動詞〜）**〉の形で「〜だと思う，知っている」などの意味を表す。

I **think** ＋ （that）**he'll become a good scientist**．　※接続詞の that は省略できる

└── think「〜だと思う」＋ └──「彼は立派な科学者になるだろう」（＝「思う」内容）

（ポイント❷） **「時」や「条件」などを表す接続詞**…because「〜なので」，when「〜のとき」，if「もし〜ならば」，since「〜から，以来」，while「〜している間」　など

（ポイント❸） 「時」や「条件」を表す接続詞のある節の中では，未来のことも現在形で表す。

If it **rains** tomorrow, we will not go there.

└──「条件」を表す接続詞 if の節中は現在形

Step 1 基本問題

解答▶別冊 6 ページ

1 [接続詞 that] 次の英文を日本語にしなさい。

(1) I think that she can play the guitar.

私は （　　　　　　　　　　　　　　　　　　　　　）。

(2) He believes that I will help him.

彼は （　　　　　　　　　　　　　　　　　　　　　）。

(3) We know Ken is an honest student.

私たちは （　　　　　　　　　　　　　　　　　　　）。

(4) I hope it will be fine tomorrow.

私は （　　　　　　　　　　　　　　　　　　　　　）。

語句　believe「信じる」　honest「正直な」

Guide

確認　接続詞 that

▶以下のような動詞といっしょに使い，接続詞 that の後ろは「主語＋動詞」の語順になる。この that は省略することもできる。

・think(that) 〜
　　　　「〜だと思う」

・believe(that) 〜
　　　　「〜だと信じる」

・know(that) 〜
　　　「〜だと知っている」

・hope(that) 〜
　　　「〜だとよいと思う」

2 [接続詞の選択] 次の英文の（　　　）内から適切な語を選んで○で囲みなさい。

(1) Do you think (when, that) this game is exciting?

(2) It began to snow (since, while) we were waiting for the bus.

(3) Don't forget to close the door (after, before) you go out.

(4) She didn't go to work (because, so) she was ill.

(5) Have some bread (and, if) you're hungry.

(6) It was too cold yesterday, (but, so) we didn't go swimming.

🗨 語句　go out「外出する」　ill「病気の」　bread「パン」　forget「忘れる」

3 [「時」や「条件」などを表す接続詞] 次の日本文に合うように，＿＿＿に適切な語を入れなさい。

(1) 明日雪が降るなら，私は外出しません。
＿＿＿＿＿＿ it ＿＿＿＿＿＿ tomorrow, I won't go out.

(2) あなたが来るまで，ここで待ちましょう。
I'll wait here ＿＿＿＿＿＿ you ＿＿＿＿＿＿.

(3) 明日彼が来たときに，彼にそれを手渡しましょう。
I'll pass it to him ＿＿＿＿＿＿ he ＿＿＿＿＿＿ tomorrow.

🗨 語句　pass「手渡す」

4 [接続詞による書きかえ] 次の各組の英文がほぼ同じ意味になるように，＿＿＿に適切な語を入れなさい。

(1) He visited his uncle during his stay in Singapore.
＝ He visited his uncle ＿＿＿＿＿ ＿＿＿＿＿ was staying in Singapore.

(2) I joined in volunteer work for the first time at the age of ten.
＝ I joined in volunteer work for the first time ＿＿＿＿＿ I ＿＿＿＿＿ ten years old.

🗨 語句　Singapore「シンガポール」　volunteer work「ボランティア活動」
　　　at the age of ～「～歳のときに」

 接続詞の選択

▶**2** 接続詞がつないでいる語句と語句，文と文の関係を考えて接続詞を選ぶ。

(1)「あなたは思いますか」↔「このゲームはわくわくする」

(2)「雪が降り始めた」↔「私たちはバスを待っていた」

(3)「ドアを閉め忘れないで」↔「あなたは外出する」

(4)「彼女は仕事に行かなかった」↔「彼女は病気だった」

(5)「パンを食べなさい」↔「あなたは空腹だ」

(6)「昨日はあまりに寒かった」↔「私たちは泳ぎに行かなかった」

 「時」や「条件」を表す接続詞

▶「もし～ならば」などと言う場合，それが未来の内容であっても現在形で表す。
If Kenji comes, let's play baseball.「賢治が来たら野球をしよう。」

 いろいろな接続詞

・after「～のあとで」
・before「～の前に」
・but「しかし」
・so「だから」
・until（till）「～（する）まで」

1・2年の復習　第1章　第2章　第3章　第4章　第5章　第6章　第7章　総仕上げテスト

19

8

1・2年の復習

父より背が高い　〈比較表現〉

重要点をつかもう

1 I am **taller than** my father. **ポイント❶**
（私は父より背が高い。）

2 I am **the tallest in** my family. **ポイント❷**
（私は家族の中で最も背が高い。）

3 I am **as tall as** my father. **ポイント❸**
（私は父と同じくらいの背の高さです。）

ポイント❶ **比較級**…２つのものを比べる表現。〈**比較級＋than ～**〉＝「**～より…**」

ポイント❷ **最上級**…３つ以上のものを比べる表現。

〈**(the＋)最上級＋in [of] ～**〉＝「**～の中で最も…だ**」

ポイント❸ 〈**as ... as ～**〉…「**～と同じくらい…だ**」

I am		**tall**.		「私は**背が高い**。」
I am		**taller**	**than** my father.	「私は父**より背が高い**。」
I am	**the**	**tallest**	**in** my family.	「私は家族**の中で最も背が高い**。」

※形容詞の最上級にはふつう the をつける（副詞の場合はつけなくてもよい）

| I am | **as** | **tall** | **as** my father. | 「私は父**と同じくらいの背の高さ**です。」 |

Step 1 基本問題

解答▶別冊 6 ページ

1 [比較級と最上級] 次の語の比較級と最上級を書きなさい。

	比較級	最上級
(1) fast		
(2) hot		
(3) easy		
(4) nice		
(5) beautiful		
(6) good		
(7) many		
(8) difficult		
(9) big		

Guide

確認 比較級・最上級の作り方 ①

・比較級→形容詞，副詞の語尾に -er をつける。

・最上級→形容詞，副詞の語尾に -est をつける。

※1 語尾が e のときはそのまま -r，-st をつける

※2 語尾が「子音字＋y」のときは y を i にかえて -er，-est をつける

※3 語尾が「短母音＋子音字」のときは語尾の文字を重ねて -er，-est をつける

2 [比較表現の区別] 次の英文の（　）内から適切な語を選んで〇で囲みなさい。

(1) Mt. Fuji is (high, higher) than Mt. Takao.

(2) Science is (more, most) interesting than math.

(3) My bag is the (small, smallest) of the three.

(4) My mother is (busy, busier) than I.

(5) This singer is the (more, most) famous in America.

(6) She is the (better, best) tennis player in our class.

(7) This doll is (pretty, prettier) than that one.

🍰語句　doll「人形」

3 [比較表現の語順] 次の英文の（　）内の語を並べかえなさい。

(1) What is (longest, the, in, river, Japan)?

　　What is _____?

(2) My uniform (than, is, yours, larger).

　　My uniform _____.

(3) This movie (that, is, one, exciting, more, than).

　　This movie _____.

(4) Yuka (Yuki, as, as, is, kind).

　　Yuka _____.

(5) This book (the, the, of, popular, is, most) five.

　　This book _____ five.

4 [副詞の比較級] 次の英文を日本語にしなさい。

(1) Tom studies Japanese harder than you.

　　(　　　　　　　　　　　　　　　　　　　　)

(2) This dog runs as fast as yours.

　　(　　　　　　　　　　　　　　　　　　　　)

(3) I like fall the best of all seasons.

　　(　　　　　　　　　　　　　　　　　　　　)

(4) I got up earliest in my family.

　　(　　　　　　　　　　　　　　　　　　　　)

(5) Kumi likes summer better than winter.

　　(　　　　　　　　　　　　　　　　　　　　)

確認　比較級・最上級の作り方 ②

▶3音節以上など比較的長い語の場合，単語の前にmore — most をつける。
popular — **more** popular — **most** popular

▶比較級と最上級の不規則変化
good — **better** — **best**
well — **better** — **best**
many — **more** — **most**
much — **more** — **most**

くわしく　原　級

▶ as ... as ～ の文で使われる形容詞は，変化させずにそのままの形で使う。この形を原級という。

くわしく　最上級の in と of

▶ in は範囲を表す語，of は複数を表す語に使う
I'm the tallest boy **in** my class.「私はクラスで最も背が高い男の子です。」
Akio is the tallest **of** the four.「アキオは4人の中で最も背が高い。」

確認　副詞の比較級・最上級

▶副詞の比較級・最上級も形容詞と同様の変化をする。英語では1つの単語で形容詞と副詞の両方に使える単語もあるが，slowly, carefully のように副詞としてのみ使う単語もある。また，副詞の最上級ではしばしば the が省略される。

9 大きな図書館があります

1・2年の復習

〈there is/are 〜・SVOO〉

重要点をつかもう

1 **There is** a big library in this town. **ポイント❶**

（この町には大きな図書館**があります**。）

2 I will **give** Kumi a nice present. **ポイント❷**

（私は**久美に**すてきなプレゼントを**あげる**つもりです。）

ポイント❶ 〈**There is〔are〕**〜＋**場所を表す語句**（…）.〉「…に〜がいる，ある。」

「（…の場所に）〜がいる，ある」と言う場合には，〈**There is〔are〕**〜.〉を使う。主語は be 動詞のあとに置かれる語句なので，主語が単数なら is を，複数なら are を使う。

There is a big library in this town. （この町には大きな図書館**があります**。）

　　　　＊文の主語は a big library。単数なので be 動詞は is になっている。

「〜がいた，あった」と過去の文にするときは，is〔are〕を **was〔were〕** とする。

ポイント❷ SVOO の構文…〈**動詞＋人＋もの**〉「**(人)に(もの)を〜する**」

動詞のあとに「人」と「もの」を続けて，「**(人)に(もの)を〜する**」と言うことができる。この形で使う動詞は，give「あげる」，buy「買う」，show「見せる」，teach「教える」など。

I will **give** Kumi a nice present. （私は**久美に**すてきなプレゼントを**あげる**つもりですか。）

　　〈動詞 ＋人 ＋もの〉「(人)に(もの)をあげる」

Step **1** 基 本 問 題

解答▶別冊7ページ

1 [There is〔are〕〜. の文] 次の日本文に合うように，_____ に適切な語を入れなさい。

(1) 私の家の近くに公園があります。

　　_____ _____ a park near my house.

(2) 健は自分の部屋にいます。

　　Ken _____ in his room.

(3) テーブルの下に2匹の猫がいます。

　　_____ _____ two cats under the table.

(4) 机の上に鉛筆がありました。

　　_____ _____ a pencil on the desk.

(5) 空に鳥が何羽かいました。

　　_____ _____ some birds in the sky.

語句　sky「空」

Guide

確認 There is〔are〕〜. の文

There is〔are〕〜. は，「初めて話題にする人やものが存在する」ことを表す場合に用いる。すでに述べられている人やもの，特定の人やものについて，「〜がいる，ある」という場合には，〈主語＋be動詞〉の形を用いて，

The big library is in this town. 「その大きな図書館はこの町にあります。」のように言う。

22

2 [There is〔are〕～. の文の否定文・疑問文] 次の英文を（　　）内の指示にしたがって書きかえなさい。

(1) There is a computer in this room. （否定文に）

　　------------------------------

(2) There were some students in the classroom. （疑問文に）

　　------------------------------

(3) ((2)の疑問文に No で答えて)

　　------------------------------

(4) There are <u>three</u> stations in this city. （下線部を問う疑問文に）

🐟 語句　classroom「教室」

3 [SVOO の文] 次の日本文に合うように，（　　）内の語句を並べかえなさい。

(1) 私の父はこのシャツを私に買ってくれました。

My father (this, me, bought, shirt).

My father ------------------------------.

(2) 私にその本を見せてくれますか。

(me, show, can, the book, you)?

　　------------------------------

(3) 私たちに日本語を教えてください。

(Japanese, teach, please, us).

　　------------------------------

4 [SVOO の文] 次の各組の英文がほぼ同じ意味を表すように，____に適する語を書きなさい。

(1) My brother gave this CD to me.

My brother _____ _____ this CD.

(2) I will buy some flowers for my mother.

I will _____ my _____ some flowers.

(3) Tom sends e-mails to his friends.

Tom _____ _____ e-mails.

🐟 語句　e-mail「E メール」

くわしく　There is〔are〕～. の否定文と疑問文

▶ There is〔are〕～.の否定文
be 動詞のあとに not を置く。There is〔are〕not ～. の語順にする。

▶ There is〔are〕～.の疑問文
be 動詞を主語の前に置く。Is〔Are〕there ～? の語順にする。答えるときは、Yes, there is〔are〕. か、No, there is〔are〕not〔isn't/aren't〕. で答える。

確認　SVOO の文

・give A B
「A に B をあげる」
・show A B
「A に B を見せる」
・teach A B
「A に B を教える」
・buy A B
「A に B を買う」
・send A B
「A に B を送る」

くわしく　SVOO の書きかえ

▶ give A B や buy A B の文は to や for を使って書きかえることができる。
・give A B
→ give B to A
・buy A B
→ buy B for A
(※くわしくは、p. 89「SVOO の書きかえ」を参照)

1・2年の復習

第1章
第2章
第3章
第4章
第5章
第6章
第7章
総仕上げテスト

Step ② 標準問題

解答▶別冊 7 ページ

1 次の英文の( )内から適切な語句を選んで○で囲みなさい。(18点)

(1) It will (am, is, was, be) rainy tomorrow.

(2) There (was, is, were) a hospital here at that time.

(3) Is Ken's hobby (listening to, listen, to listen) jazz?

(4) Mike has as (most, more, many, much) CDs as you.

(5) (If, When, That, Because) I came home, my brother was sleeping.

(6) Ms. Sato teaches (us math, math us, for us math, us to math).

🔊 語句　jazz「ジャズ」

2 次の日本文に合うように, _____ に適切な語を入れなさい。(12点)

(1) 英語を毎日勉強することは大切ですか。

_____ _____ English every day important?

(2) 彼は日が昇^{のぼ}る前に起きました。

He got up _____ the sun rose.

(3) もし明日晴れたら, ピクニックに行きます。

_____ it is fine tomorrow, I will go on a picnic.

3 次の各組の英文がほぼ同じ意味になるように, _____ に適切な語を入れなさい。(28点)

(1) Mika made her father a cake.

= Mika _____ a cake _____ her father.

(2) We have 25 students in our class.

= _____ _____ 25 students in our class.

(3) Yumi sang English songs. She enjoyed it very much.

= Yumi _____ _____ English songs very much.

(4) I wasn't rich enough to buy the house, so I couldn't buy it.

= I couldn't buy the house _____ I wasn't rich enough.

(5) Mike began talking with Ken.

= Mike began _____ _____ with Ken.

(6) Why don't you go to Disneyland during your stay in Tokyo?

= Why don't you go to Disneyland _____ you're staying in Tokyo?

(7) My brother is shorter than my father.

= My father is _____ _____ my brother.

🔊 語句　rose「rise(上がる, 昇る)の過去形」 Disneyland「ディズニーランド」

1・2年の復習

第1章

第2章

第3章

第4章

第5章

第6章

第7章

総仕上げテスト

4 次の日本文に合うように，（　　）内の語を並べかえなさい。ただしそれぞれ1語不要な語があります。(20点)

(1) この湖で泳ぐのはとても危険です。

(this, is, to, swimming, lake, in) very dangerous.

_____ very dangerous.

(2) 健は私の学校でいちばん速く走ります。

Ken (school, the, in, runs, my, fastest, of).

Ken _____ .

(3) あなたのお父さんがお帰りになるまで，ここで待っていていいですか。

May I wait here (father, by, comes, your, back, until)?

May I wait here _____ ?

(4) ポールは次の夏にオーストラリアに戻るつもりです。

Paul (is, will, next, Australia, summer, back, to, go).

Paul _____ .

🐟 語句　lake「湖」　dangerous「危険な」

5 次の英文を日本語にしなさい。(10点)

(1) Will you come to my house if you have time tomorrow?

(　　　　　　　　　　　　　　　　　　　　　　　　　　　　　　　　　)

(2) I'm sure that all of us will succeed in the future.

(　　　　　　　　　　　　　　　　　　　　　　　　　　　　　　　　　)

🐟 語句　I'm sure that ～「きっと～だと思う」　succeed「成功する」

記述式 **6** 次の【条件】にしたがい，自分の行きたい場所について書きなさい。(12点)　　〔埼玉－改〕

【条件】

(1) 1文目はifという語を使い，「もし日曜日が晴れたならば，～に行きたい。」という文を，書きなさい。「～」の部分には自分の行きたい場所を書きます。

(2) 2文目は，なぜそこに行きたいのかが伝わるように，「そこには～があるから…したい。」という文を書きなさい。

(1) _____

(2) _____

ワンポイント
　3 (4) so は，直前の内容を受けて「だから～」と文を続けるときに使う。
　4 (3) by は「～までに」という意味の期限を表す前置詞。

Step ③ 実 力 問 題

時　間 **40**分　合格点 **80**点　得　点 　　点

解答▶別冊 8 ページ

1 次の英文の(　　)内の語句を並べかえなさい。(20点)

(1) I can't believe that (so, are, languages, there, many) in the world.　〔山形－改〕

I can't believe that _____ in the world.

(2) This bus (take, the center, to, will, you) of the town.　〔青雲高〕

This bus _____ of the town.

(3) You (be, will, English, able, to, speak) next year.　〔実践学園高〕

You _____ next year.

(4) (the most, of, which movie, is, interesting, the four)?　〔東京工業大附高－改〕

_____

(5) (have, this year, we, snow, than, more, last year).　〔明治大付属中野高－改〕

_____

2 次の各組の英文がほぼ同じ意味になるように、_____に適切な語を入れなさい。(15点)

(1) Jim has a dream of becoming an astronaut.　〔久留米大附設高〕

= Jim's dream is _____ an astronaut.

(2) How many people are there in the park?

= What is the _____ people in the park?

(3) I will send you a card when I arrive at home.　〔慶應義塾高〕

= I will send a card _____ you when I get home.

🍪 語句　astronaut「宇宙飛行士」

3 次は吹奏楽部に所属する幸子と、ジョージの対話です。メモを参考に、(1), (2)とも(　　)内の語句を用いて、5語以上の英文を書きなさい。(20点)　〔宮　崎〕

Sachiko : I'll have a brass band concert tomorrow.
　　　　　　 Would you like to come?

George : Sure. Where will it be?

Sachiko : In the music room. (1)(at two o'clock).

George : OK. I hope you will have a good concert.

Sachiko : Thank you. Well, tomorrow is my mother's
　　　　　　 birthday. (2)(give).

George : That's a good idea.

┌─────────────────────┐
│「3月13日」のメモ
│●演奏会
│　午後2時開演
│　(音楽室)
│●お母さんの誕生日
│　かばんをプレゼン
│　ト
└─────────────────────┘

(1) _____

(2) _____

4 次の英文は，グアム島にあるホテルの支配人から学校に届いた手紙です。**これを読んで，あとの質問に答えなさい。**(45点)

〔兵庫県－改〕

September 5, 2020

Dear students,

　　Thank you very much for （　a　） at our hotel in June. You were in Guam only for three days, but I hope （　A　） you had a good time during the school trip.

　　On the last day, you cleaned the beach near our hotel. At first, I thought （　B　） you did not want （　b　） it. But （　C　） I saw you on the beach, you were enjoying the work. That surprised me.

　　"Who made the plan to clean?" I asked one of your teachers. "The students did," he answered. Later some of you told me about Japanese schools. You clean your school every day. You sometimes clean your town, too.

　　Thank you very much for （　c　） the beach. I was very impressed. We now clean the beach every month and wear our special hats for the work. （　D　） you come next year, 　　①　　 . ②I hope to see you again.

　　Best wishes,

Steve Brown

Manager

注　Guam「グアム島」　school trip「修学旅行」　surprise「～を驚かす」　impressed「感動して」

　　Best wishes,「手紙の結びの言葉」　manager「支配人」

(1) （　a　）～（　c　）に，次の語を適切な形に直して入れなさい。ただし，2語になるものもある。(12点)

　　| do　　stay　　clean |

　　a _____　b _____　c _____

(2) （　A　）～（　D　）に当てはまる適切な語を書きなさい。ただし，同じ語を2回使ってよい。(16点)

　　A _____　B _____　C _____　D _____

(3) 　①　 に，「私はあなたたちにその特別な帽子をあげるつもりです」という意味の英語を書きなさい。(9点)

_____

(4) 下線部②の英文と同じ意味になるように，以下に適切な語句を書きなさい。(8点)

　　I hope that _____.

1 受け身形の基本

🎯 重要点をつかもう

1 This room **is cleaned by** him. 📌ポイント①

（この部屋は彼に**よって**掃除されます。）

2 **Is** English **spoken** in Australia? 📌ポイント②

（英語はオーストラリアで**話されて**いますか。）

📌**ポイント①** **受け身形**…〈be 動詞＋過去分詞（＋by 〜）〉「（〜によって）…される」

> He 　　 cleans 　　 this room. 「彼はこの部屋を掃除します。」
>
> This room 　**is cleaned**　 by him. 「この部屋は彼に**よって掃除されます**。」
> 〈be 動詞＋過去分詞〉＋〈by＋行為者（←代名詞の場合は目的格）〉

📌**ポイント②** **受け身形の特徴**

・疑問文や否定文は be 動詞の文と同じ作り方。（→ p.2）

・行為者がはっきりしない場合などは by 以下が省略される。

Step 1 基本問題

解答▶別冊9ページ

1 ［受け身形の基本］次の英文の（　　）にあてはまる最も適切な語句を選び，記号で答えなさい。

(1) Soccer （　　　） by many boys.

　　ア are loved　　イ is loving　　ウ is loved

(2) This song （　　　） by young people.

　　ア is sang　　イ is singing　　ウ is sung

(3) The computer （　　　） by my father.

　　ア is used　　イ are used　　ウ is using

(4) These DVDs （　　　） at that store.

　　ア sold　　イ is sold　　ウ are sold

(5) English and French （　　　） in Canada.

　　ア is spoken　　イ are spoken　　ウ were spoke

(6) We （　　　） history by Ms. Kato.

　　ア is taught　　イ are teaching　　ウ are taught

🟡 語句　sell「売る」 history「歴史」

Guide

🔍 **確認** 受け身形

▶「主語は〜する」という文ではなく，「主語は（…によって）〜される」という文を受け身形といい，〈be 動詞＋過去分詞（＋by…）〉で表す。

🎓 **くわしく** 過去分詞

ed などをつける基本のもの（規則動詞）と特有の変化をするもの（不規則動詞）がある。
規則動詞
clean → cleaned
use → used　　など
不規則動詞
sing → sung
sell → sold
speak → spoken
teach → taught　　など

2 ［受け身形の作り方］次の英文を受け身形に書きかえなさい。

(1) Every student likes Ms. Green.

----

(2) They speak Spanish in Mexico.

🗣 語句　Spanish「スペイン語」　Mexico「メキシコ」

3 ［否定文と疑問文］次の英文を（　　）内の指示にしたがって書きかえなさい。

(1) This book is read by young people. （否定文に）

----

(2) The film is seen in Japan. （疑問文に）

🗣 語句　film「映画」

4 ［疑問文の答え方］次の_____に適語を入れて，対話文を完成しなさい。

(1) A : Is this room cleaned by Ken?

　　B : Yes, _____ _____.

(2) A : Are these machines used every day?

　　B : No, _____ _____.

🗣 語句　machine「機械」

5 ［受け身形の意味］次の英文を日本語にしなさい。

(1) This car isn't washed by Mike.

（　　　　　　　　　　　　　　　　　　　　　　）

(2) This shrine is visited by many people every year.

（　　　　　　　　　　　　　　　　　　　　　　）

(3) How many languages are spoken in this country?

（　　　　　　　　　　　　　　　　　　　　　　）

(4) What kind of music is liked in Japan?

（　　　　　　　　　　　　　　　　　　　　　　）

🗣 語句　shrine「神社」

🎓 くわしく　by 以下の省略

▶行為者が不明な場合や，明示する必要がない場合は，by 以下は省略される。特に**2**(2)のような，一般の人々を表す they は，by them とならずにふつう省略される。

☕ ひと休み　Hollywood

▶アメリカ映画の中心地として有名な Hollywood。Hollywood とは「holly（モチノキ）の wood（木）」という意味だが，漢字では「聖林」と書く。これは，holly- が holy「聖なる」と誤読され，そのまま定着してしまったものと言われている。なお，ここで言う holly とは，ハリウッドの丘陵地帯に多く生えている California holly のことである。

🔍 確認　疑問文に対する答え方

▶be 動詞の文と同じなので，Is this ～? には Yes, it is. / No, it isn't., Are these ～? には Yes, they are. / No, they aren't. などのように答える。

🎓 くわしく　受動態と能動態

▶受け身形の文は，参考書などによっては受動態と呼ばれることもあり，同じことを意味する。一方，受け身形でない文は能動態と呼ばれる。

1・2年の復習
第1章
第2章
第3章
第4章
第5章
第6章
第7章
総仕上げテスト

Step ② 標準問題

時間 40分　合格点 80点　得点　点

解答▶別冊 10 ページ

1 次の英文の(　　)にあてはまる最も適切な語句を選び，記号で答えなさい。(24点)

(1) The students (　　) English by Mr. Clark.

　ア　teach　　　　イ　taught　　　　ウ　is taught　　　　エ　are taught

(2) Everyone in our class (　　) Mr. Brown's lesson.

　ア　is liked　　　イ　likes　　　　ウ　like　　　　　エ　are liked

(3) Is this car washed by Ken every Sunday? —— Yes, (　　).

　ア　it is　　　　イ　they are　　　ウ　it isn't　　　エ　they aren't

(4) Are these games played by many people? —— No, (　　).

　ア　it is　　　　イ　they are　　　ウ　it isn't　　　エ　they aren't

(5) When is that supermarket (　　)?

　ア　opened　　　イ　is opened　　　ウ　opening　　　エ　opens

(6) She is (　　) by the window now.

　ア　sat　　　　　イ　set　　　　　ウ　sits　　　　　エ　sitting

🔵 語句　lesson「授業」　supermarket「スーパーマーケット」

2 次の日本文に合うように，＿＿＿に適切な語を入れなさい。(15点)

(1) この本は英語で書かれています。

This book ＿＿＿＿＿＿＿＿＿＿＿＿ in English.

(2) 私たちはマークに好かれていません。

We ＿＿＿＿＿＿＿＿＿＿＿＿ by Mark.

(3) 何台のコンピュータがこの事務所で使われていますか。

How many computers ＿＿＿＿＿＿＿＿＿＿＿＿ in this office?

🔵 語句　office「事務所」

3 次の英文の(　　)内の語句を並べかえなさい。(15点)

(1) (is, people, lot, loved, a, the temple, by, of)?

＿＿＿＿＿＿＿＿＿＿＿＿＿＿＿＿＿＿＿＿＿＿＿＿＿＿＿＿＿＿＿＿

(2) (are, rooms, not, Tom, by, cleaned, those).

＿＿＿＿＿＿＿＿＿＿＿＿＿＿＿＿＿＿＿＿＿＿＿＿＿＿＿＿＿＿＿＿

(3) (language, spoken, your country, what, is, in)?

＿＿＿＿＿＿＿＿＿＿＿＿＿＿＿＿＿＿＿＿＿＿＿＿＿＿＿＿＿＿＿＿

🔵 語句　temple「寺」

重要 😃 **4** 次の各組の英文がほぼ同じ意味になるように，＿＿＿＿に適切な語を入れなさい。(24点)

(1) My mother cooks dinner every day.

= Dinner ＿＿＿＿＿＿＿＿＿＿＿＿＿＿＿＿＿ my mother every day.

(2) They don't eat the food in America.

= The food ＿＿＿＿＿＿＿＿＿＿ in America.

(3) Japanese culture is loved by many people.

= ＿＿＿＿＿＿＿＿＿＿＿＿＿＿ Japanese culture.

(4) How many languages do they speak in this country?

= How many languages ＿＿＿＿＿＿＿＿＿＿ in this country?

(5) Ms. Yamamoto is our music teacher.

= We ＿＿＿＿＿＿＿＿＿＿ music by Ms. Yamamoto.

(6) Do the students play baseball after school?

= ＿＿＿＿＿＿ baseball ＿＿＿＿＿＿＿＿＿＿ the students after school?

🟡 語句 culture「文化」

5 次の英文を( )内の指示にしたがって受け身形の文に書きかえなさい。(12点)

(1) They grow rice in the country. （否定文に）

＿＿＿＿＿＿＿＿＿＿＿＿＿＿＿＿＿＿＿＿＿＿＿＿＿＿＿＿＿＿＿＿

(2) Everyone loves Taro and Jiro. （疑問文に）

＿＿＿＿＿＿＿＿＿＿＿＿＿＿＿＿＿＿＿＿＿＿＿＿＿＿＿＿＿＿＿＿

(3) Mike and his brother wash this car every day. （下線部が答えの中心になる疑問文に）

＿＿＿＿＿＿＿＿＿＿＿＿＿＿＿＿＿＿＿＿＿＿＿＿＿＿＿＿＿＿＿＿

(4) Mr. Brown sings a Japanese song. （下線部を some にかえて）

＿＿＿＿＿＿＿＿＿＿＿＿＿＿＿＿＿＿＿＿＿＿＿＿＿＿＿＿＿＿＿＿

🟡 語句 grow「栽培する」 rice「米」

記述式 ✏️ **6** 右の絵に合うように，受け身の表現を使って，次の英文
を完成しなさい。(10点)

(1) The classroom ＿＿＿＿＿＿＿＿＿＿＿＿＿＿ Taro.

(2) The window ＿＿＿＿＿＿＿＿＿＿＿＿＿＿ Kumi.

Taro
Kumi

★─☆─★─☆─★─☆─★─☆─★─☆─★─☆─★─☆─★─☆─★─☆─★─☆─★─☆─★

ワンポイント

1 (6) by the window「窓のそばに」
5 (1) grow の過去分詞は grown。

1・2年の復習
第1章
第2章
第3章
第4章
第5章
第6章
第7章
総仕上げテスト

いろいろな受け身形

重要点をつかもう

1 This book **was** written by Soseki. （ポイント❶）

（この本は漱石によって書かれました。）

2 I was surprised **at** the news. （ポイント❷）

（私はその知らせに驚きました。）

ポイント❶ 過去の受け身形…〈was，were＋過去分詞（＋by 〜）〉→ be 動詞を過去形にする。

> He　　wrote　　this book. 「彼がこの本を書きました。」
>
> This book **was written** by him. 「この本は彼**によって書かれました。**」
>
> 〈was，were＋過去分詞〉＋〈by＋行為者〉

ポイント❷ by 以外の語と結びつく受け身形

・be surprised **at** 〜　「〜に驚く」

・be interested **in** 〜　「〜に興味がある」

・be known **to** 〜　　「〜に知られている」

・be covered **with** 〜　「〜に覆（おお）われている」　など

Step 1 基本問題

解答▶別冊 11 ページ

1 [過去の受け身形] 次の日本文に合うように，＿＿に適切な語を入れなさい。

(1) この部屋は昨日，トムによって掃除されました。

This room ＿＿＿＿＿＿＿＿ by Tom yesterday.

(2) その図書館は 1860 年に建てられました。

The library ＿＿＿＿＿＿＿＿ in 1860.

(3) これらのドレスはあなたの母によって作られたのですか。

＿＿＿＿ these dresses ＿＿＿＿ by your mother?

(4) そのパーティーは先週開かれませんでした。

The party ＿＿＿＿＿＿＿＿ last week.

(5) いつこれらの小説は書かれましたか。

When ＿＿＿＿ these novels ＿＿＿＿?

語句　novel「小説」

Guide

確認 過去の受け身形

▶受け身形の時制は，be 動詞を過去形にすることで表す。過去分詞の形はかわらない。

ひと休み 夏目漱石（なつめそうせき）と英語

▶『坊っちゃん』などで有名な夏目漱石は，英語が得意だった。イギリスに留学をしたこともあり，帰国後に本格的な職業作家として活動を始める前には，英語教師として学校で教鞭（きょうべん）をとったこともある。

2 [by 以外の語と結びつく受け身形] 次の英文を日本語にしなさい。

(1) He is interested in history.

彼は（　　　　　　　　　　　　　　　　　　　　　　）。

(2) The mountain is covered with snow.

その山は（　　　　　　　　　　　　　　　　　　　　　）。

(3) The player is known to everybody.

その選手は（　　　　　　　　　　　　　　　　　　　　）。

(4) They were surprised at the news.

彼らは（　　　　　　　　　　　　　　　　　　　　　　）。

(5) He was killed in the accident.

彼は（　　　　　　　　　　　　　　　　　　　　　　　）。

🌙 語句　accident「事故」

3 [make の受け身形] 次の英文の＿＿＿＿に適切な語を入れなさい。

(1) This machine was made ＿＿＿＿＿＿ my grandfather.

(2) This bridge is made ＿＿＿＿＿＿ stones.

(3) Wine is made ＿＿＿＿＿＿ grapes.

(4) Cheese is made ＿＿＿＿＿＿ milk.

🌙 語句　machine「機械」　grandfather「祖父」　wine「ワイン」　grape「ぶどう」
　　　　cheese「チーズ」

4 [さまざまな受け身形] 次の英文を受け身形にしなさい。

(1) She takes care of the dog.

----

(2) Everyone laughed at her.

----

(3) Mike spoke to me yesterday.

----

(4) We call the cat Tama.

🌙 語句　take care of ~「~の世話をする」　laugh at ~「~を笑う」
　　　　speak to ~「~に話しかける」

 確認　by 以外の受け身形

▶〈be 動詞＋過去分詞〉の形でも「~される」と訳さない場合がある。よく使われる語は限られているので，熟語として覚えてしまおう。

・be interested in ~
　「~に興味がある」
・be covered with ~
　「~に覆われている」
・be known to ~
　「~に知られている」
・be surprised at ~
　「~に驚く」
・be killed in ~
　「(事故や戦争など)~で死ぬ」

 くわしく　make の受け身形の慣用表現

・〈be made of＋材料〉
　「~(材料)で作られる」
・〈be made from＋原料〉
　「~(原料)で作られる」
※ of は製品を見て，素材が見た目でわかる場合，from は見た目ではわからない場合に使われる。
This box is made of paper.
「この箱は紙でできています。」
The snack is made from rice.「そのお菓子は米でできています。」

 注意　さまざまな受け身形

▶連語も受け身形になる。take care of などは連語で1つの動詞と同じ働きをする。
The flower is taken care of by my sister.「その花は私の姉[妹]に世話をされています。」

1 次の英文の(　　)内の語を適切な形に直しなさい。(18点)

(1) The animal was (bring) from Australia.　……………………

(2) Those books were (write) by Haruki.　……………………

(3) Was the house (buy) by Mr. White?　……………………

(4) We were (teach) English by Mr. Clark last year.　……………………

(5) The vase was (break) by Ken.　……………………

(6) This fish was (catch) by him in the river.　……………………

語句　vase「花びん」

2 次の日本文に合うように，_____に適切な語を入れなさい。(24点)

(1) マイクとトムは夕食に招かれましたか。 ── いいえ，招かれませんでした。

　　_____ Mike and Tom invited to dinner? ── No, _____ _____ _____ .

(2) この机は木材で作られています。

　　This desk _____ _____ _____ wood.

(3) 彼の名前は多くの人々に知られています。

　　His name _____ _____ _____ many people.

(4) 富士山は雪に覆われていました。

　　Mt. Fuji _____ _____ _____ snow.

(5) 私は昨日，アメリカ人に話しかけられました。

　　I _____ _____ _____ by an American yesterday.

(6) この車は父に使われませんでした。

　　This car _____ _____ _____ by my father.

語句　invite「招待する」　wood「木材」

3 次の英文を(　　)内の指示にしたがって書きかえなさい。(12点)

(1) The problem was solved by the students. （疑問文に）

　　--

(2) Uranus was discovered in 1781. （下線部が答えの中心になる疑問文に）

　　--

(3) The telephone was invented by Bell in 1876. （下線部が答えの中心になる疑問文に）

　　--

語句　Uranus「天王星」　discover「発見する」　telephone「電話」　invent「発明する」　Bell「ベル(人名)」

4 次の英文を日本語にしなさい。(12点)

(1) I was born in Canada.

( )

(2) The garden was filled with red flowers.

( )

(3) Three people were injured in the accident.

( )

(4) We were surprised at the new idea.

( )

語句　be born「生まれる」　garden「庭」　be injured「けがをする」

重要 **5** 次の各組の英文がほぼ同じ意味になるように，＿＿＿に適切な語を入れなさい。(24点)

(1) She cooked *tempura* yesterday.

= *Tempura* ＿＿＿＿＿ ＿＿＿＿＿ by ＿＿＿＿＿ yesterday.

(2) Grapes are made into wine.

= Wine ＿＿＿＿＿ made ＿＿＿＿＿ grapes.

(3) English songs are interesting to me.

= I ＿＿＿＿＿ ＿＿＿＿＿ ＿＿＿＿＿ English songs.

(4) The audience laughed at her.

= She was ＿＿＿＿＿ ＿＿＿＿＿ ＿＿＿＿＿ the audience.

(5) Our school is one hundred years old.

= Our school ＿＿＿＿＿ ＿＿＿＿＿ one hundred years ago.

(6) What does Tom call his dog?

= What ＿＿＿＿＿ Tom's dog ＿＿＿＿＿ by him?

語句　be made into ～「～に作りかえられる」　audience「聴衆」

記述式 **6** あなたの家族やペットを1人(1匹)選び，その人や動物が⑴いつ生まれたか，⑵家族に何と呼ばれているかを説明する文をそれぞれ，受け身形を使った1文でつくりなさい。(10点)

(1) ＿＿＿＿＿＿＿＿＿＿＿＿＿＿＿＿＿＿＿＿＿＿＿＿＿＿＿＿＿＿＿＿

(2) ＿＿＿＿＿＿＿＿＿＿＿＿＿＿＿＿＿＿＿＿＿＿＿＿＿＿＿＿＿＿＿＿

ワンポイント　**2** (2)木材でできているということは多くの場合，見た目でわかる。
5 (2)ワインがぶどうからできていることは見た目から判断しにくいので，from を使う。

Step ③ 実力問題

時間 40分　合格点 80点　得点 点

【　　月　　日】

解答▶別冊12ページ

1 次の日本文に合うように，＿＿に適切な語を入れなさい。(20点)

(1) その手紙は英語で書かれていたのですか。　〔高知学芸高〕

＿＿＿＿＿＿ the letter ＿＿＿＿＿＿ ＿＿＿＿＿＿ English?

(2) その事故で10人を超える人が死亡しました。　〔中央大附高〕

More than ten people ＿＿＿＿＿＿ ＿＿＿＿＿＿ ＿＿＿＿＿＿ the accident.

(3) そのクッキーはほとんどぼくが食べたんだ。　〔大阪教育大附高〕

Almost all the cookies ＿＿＿＿＿＿ ＿＿＿＿＿＿ by me.

(4) 会議は3時に開かれます。

The meeting ＿＿＿＿＿＿ ＿＿＿＿＿＿ at three.

2 次の各組の英文がほぼ同じ意味になるように，＿＿に適切な語を入れなさい。(25点)

(1) When was Kinkaku-ji temple built?　〔城北高〕

= How ＿＿＿＿＿＿ ＿＿＿＿＿＿ Kinkaku-ji temple?

(2) Is American culture interesting to you?　〔高知学芸高〕

= Are you ＿＿＿＿＿＿ ＿＿＿＿＿＿ American culture?

(3) He doesn't open his store on Sunday.　〔長　崎〕

= His store ＿＿＿＿＿＿ ＿＿＿＿＿＿ on Sunday.

(4) What do they call this fruit in America?　〔郁文館高〕

= What ＿＿＿＿＿＿ this fruit ＿＿＿＿＿＿ in America?

(5) Many people in Japan know his name.

= His name ＿＿＿＿＿＿ ＿＿＿＿＿＿ ＿＿＿＿＿＿ a lot of Japanese.

3 次の日本文に合うように，（　　）内の語を並べかえなさい。(12点)

(1) 私たちは昨年，彼から音楽を教わりました。　〔実践学園高〕

（by, we, him, were, music, last, taught）year.

＿＿＿＿＿＿＿＿＿＿＿＿＿＿＿＿＿＿ year.

(2) あの山の頂上は雪で覆われています。[1語不要]　〔駒込高〕

The (snow, is, with, by, of, covered, mountain, top, that).

The ＿＿＿＿＿＿＿＿＿＿＿＿＿＿＿＿＿＿.

(3) あなたはどこで中国人に話しかけられましたか。[1語不足]

（by, were, a, where, spoken, you, Chinese）?

＿＿＿＿＿＿＿＿＿＿＿＿＿＿＿＿＿＿

1・2年の復習

第1章

第2章

第3章

第4章

第5章

第6章

第7章

総仕上げテスト

4 次の英文を読んで，あとの問いに答えなさい。(43点)　　　　　　　　　〔秋田－改〕

Do you like animals? I like them. Today I'd like to talk about a Japanese otter and a Siberian tiger. The former went extinct and the latter is dying out now.

Japanese otters once lived all around Japan. But in 1948, they ㋐(see) only in a part of Shikoku. People caught them to make fur coats and medicine. They usually live near rivers and eat fish. But rivers have changed. Their houses ㋑(break) because people built new roads and banks along rivers. Rivers became dirty and Japanese otters could not find fish in their rivers. Japanese otters' footprints ㋒(find) some years ago, but only a few people believe the animals still live somewhere today.

Siberian tigers are beautiful. (　①　), too. People cut down trees to make farms in forests, and Siberian tigers could not find animals in their forests, either. People also hunted them for fun. Now only about 200 tigers live in the Siberian forests near China.

Even now many animals are dying out all over the world. If these animals die out, we can never see them again on the earth. Some people have already started saving the (　②　) animals. But I think more people should do something to save them.

注　Japanese otter「ニホンカワウソ」 Siberian tiger「シベリアトラ」 the former「前者」
　　the latter「後者」 die out「絶滅する」 fur「毛皮」 medicine「薬」 bank「堤防」
　　footprint「足跡」 only a few「ほんのわずか」 save「救う」

(1) 文中の㋐～㋒の語を適切な形に直しなさい。ただし，それぞれ必要な語を1語付け加える必要があります。(12点)

㋐ _____　㋑ _____　㋒ _____

(2) 文中の①に，前の段落から適切な1文を抜き出して入れなさい。ただし，その文のはじめの2語のみを書きなさい。(8点)　　　　　　　　　　　　_____

(3) 文中の②に，文中から適切な1語を抜き出して入れなさい。(5点)　　　　_____

(4) 本文の内容にしたがって，(　)内に適切な日本語を入れなさい。(18点)

　　　以前は (　　　　　　　　　) に生息していた「ニホンカワウソ」が絶滅した理由の1つは，川沿いに (　　　　　　　　) や堤防が造られたので (　　　　　　　　) からです。

語句　more than ～「～以上」 almost「ほとんど」 meeting「会議」 fruit「果物」 top「頂上」

3 現在完了形(経験)

━━━◆ 重要点をつかもう

1 I **have visited** Canada once. ☞ポイント❶

(私はカナダを 1 回訪れたことがあります。)

2 He **hasn't played** *shogi* before. ☞ポイント❷

(彼は**以前に**将棋をしたことがありません。)

3 **Have you** ever **watched** this movie? — Yes, I **have**. / No, I **haven't**. ☞ポイント❸

(あなたは**今までに**この映画を見たことがありますか。—はい，**あります**。/ いいえ，**ありません**。)

☞ポイント❶ **現在完了**…〈**have**，**has**＋**過去分詞**〉の形で，次のような意味を表す。

①**経験** ②**完了・結果**(→ p.42) ③**継続**(→ p.46)

経験の用法…**現時点までの経験**を表す。**頻度を表す語句**とともによく用いられる。

I **have visited** Canada **once**.

〈have＋過去分詞〉 ＋ 「1 回」(＝頻度を表す語句)

頻度などを表す語句：**before**「以前に」，**once**「1 回」，**twice**「2 回」，～ **times**「～回」

☞ポイント❷ **否定文**…〈**have not**〔**haven't**〕，**has not**〔**hasn't**〕＋**過去分詞**〉

経験の用法では，not の代わりに **never**「1 度も～ない」が用いられることも多い。

☞ポイント❸ **疑問文**…〈**Have**，**Has**＋主語(＋**ever**)＋**過去分詞**～**?**〉

Step 1 基本問題

解答▶別冊 13 ページ

1 [現在完了の形] 次の英文の( )にあてはまる最も適切な語句を選び，記号で答えなさい。

(1) Yuki ( ) curry once.

　ア has cooked　イ have cooked

(2) I ( ) this book three times.

　ア has read　イ have read

(3) My grandfather ( ) hamburgers.

　ア has never eaten　イ has eaten never

(4) Yumi's sister has ( ) to China many times.

　ア been　イ was

(5) They have not ( ) snow before.

　ア saw　イ seen

Guide

確認 現在完了の形と過去分詞

▶主語が 3 人称単数の場合，has を使う。また，**過去分詞**を正しく覚えよう。

規則動詞(過去形と同じ)

・visit → **visited**

不規則動詞

・be → **been** ・see → **seen**

・eat → **eaten**

・read → **read**

・meet → **met** など

くわしく 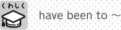 have been to ～

▶ have been to ～ で「～に行ったことがある」という意味になる。

2 ［疑問文の答え方と短縮形］次の＿＿に適語を入れて，対話文を完成しなさい。

(1) A : Have you ever been to Korea?

　B : Yes, I ＿＿＿＿＿＿.

　　　＿＿＿＿＿＿ been there many times.

(2) A : Has Mark ever met that woman?

　B : No, he ＿＿＿＿＿＿.

　　　＿＿＿＿＿＿ never met her.

(3) A : Has Yuki ever worn the Chinese dress?

　B : Yes, ＿＿＿＿＿＿ ＿＿＿＿＿＿.

　　　＿＿＿＿＿＿ often worn it.

🍬 語句　Korea「韓国」　worn「wear（着る）の過去分詞」

3 ［頻度を表す語句］次の日本文に合うように，＿＿に適切な語を入れなさい。

(1) 私は1度もコンピュータを使ったことがありません。

　I have ＿＿＿＿＿＿ used a computer.

(2) 今までにすしを食べたことがありますか。

　Have you ＿＿＿＿＿＿ eaten sushi?

(3) 彼は5回オーストラリアに行ったことがあります。

　He has been to Australia ＿＿＿＿＿＿ ＿＿＿＿＿＿.

(4) あなたは何度クジラを見たことがありますか。

　How ＿＿＿＿＿＿ have you seen whales?

🍬 語句　whale「クジラ」

4 ［経験をたずねる疑問文］次の英文を（　）内の指示にしたがって書きかえなさい。

(1) Do you visit Hokkaido?　（ever を使った現在完了の文に）

＿＿＿＿＿＿＿＿＿＿＿＿＿＿＿＿＿＿＿＿

(2) They have had this food <u>many times</u>.　（下線部が答えの中心になる疑問文に）

＿＿＿＿＿＿＿＿＿＿＿＿＿＿＿＿＿＿＿＿

くわしく　副詞の位置

・once, twice, ～ times
→文末に置くことが多い。

・ever, never
→過去分詞の前に置くことが多い。

確認　現在完了形でよく用いる短縮形

・have not → haven't
・has not → hasn't
・I（we, you, they）have
→ I've（we've, you've, they've）
・he（she, it）has
→ he's（she's, it's）

確認　頻度をたずねる疑問文

▶ How many times〔often〕～?「何度～したことがありますか」は，現時点までの経験の頻度をたずねる疑問文。答えるときは once「1度」，twice「2度」，～ times「～回」など，具体的な回数で答えることが多い。

ひと休み　アメリカと捕鯨

▶ 1800年代はアメリカでも捕鯨が盛んだった。食用ではなく，クジラから油をとるために捕鯨をしていた。黒船のペリーが日本にやってきた理由の1つは，アメリカ捕鯨船の補給基地を日本に作りたかったからだとも言われている。

1 次の英文の（　）にあてはまる最も適切な語句を選び，記号で答えなさい。(16点)

(1) Have you ever （　　） a letter in English?

　ア write　イ wrote　ウ written　エ writing

(2) （　　） your father ever been to America?

　ア Is　イ Does　ウ Has　エ Will

(3) How （　　） has Mark been to Kyoto?

　ア long　イ often　ウ old　エ many

(4) （　　） that man before, but I can't remember his name.

　ア I'll see　イ I can see　ウ I've seen　エ I've never seen

🍴 語句　remember「思い出す」

2 次の＿＿に適語を入れて，対話文を完成しなさい。(15点)

(1) A : ＿＿＿＿ Ann and Mike ever lived in Spain?

　　B : No, ＿＿＿＿ ＿＿＿＿ .

(2) A : How ＿＿＿＿ has Ken been to the museum?

　　B : ＿＿＿＿ been there three times.

(3) A : How ＿＿＿＿ ＿＿＿＿ have you tried this fruit?

　　B : I have tried it twice.

重要 3 次の日本文に合うように，＿＿に適切な語を入れなさい。(25点)

(1) 兄はシドニーへ3回行ったことがあります。

　My brother ＿＿＿＿ ＿＿＿＿ to Sydney ＿＿＿＿ ＿＿＿＿ .

(2) あなたは今までにこの問題について考えたことがありますか。

　Have you ＿＿＿＿ ＿＿＿＿ about this problem?

(3) ぼくたちはあの新入生と1度も話したことがありません。

　We ＿＿＿＿ ＿＿＿＿ ＿＿＿＿ with that new student.

(4) これまでに何度あなたはボランティア活動をしたことがありますか。

　How ＿＿＿＿ have you ＿＿＿＿ volunteer work?

(5) ジェーンはすき焼きを2回食べたことがあります。

　Jane ＿＿＿＿ ＿＿＿＿ *sukiyaki* ＿＿＿＿ .

4 次の日本文に合うように，（　　）内の語句を並べかえなさい。(20点)

(1) 私は何度もブラウンさんに会ったことがあります。

(met, Mr. Brown, times, I, many, have).

- -

(2) あなたは今までに箸を使ったことがありますか。

(used, chopsticks, ever, have, you)?

- -

(3) 私の母は1度も飛行機に乗ったことがありません。

(never, got, the plane, on, has, my mother).

- -

(4) 由美は何回ニューヨークに行ったことがありますか。

(been, many, New York, has, Yumi, to, times, how)?

- -

🟡語句　chopstick(s)「箸」

5 次の英文を日本語にしなさい。(12点)

(1) My father has climbed Mt. Fuji several times.

（　　　　　　　　　　　　　　　　　　　　　　　　　　　）

(2) I've never seen such a beautiful mountain.

（　　　　　　　　　　　　　　　　　　　　　　　　　　　）

(3) My grandmother has often been abroad.

（　　　　　　　　　　　　　　　　　　　　　　　　　　　）

🟡語句　climb「登る」　several times「数度〔回〕」

6 クラスメートたちがアメリカからの転校生マイク(Mike)に，いくつかのことについて今まで経験したことがあるか質問しています。次の［　　　］の中から2つを選び，クラスメートになったつもりでマイクにする質問を英語で書きなさい。(12点)

- 日本食を食べた経験
- 京都に行った経験
- 相撲(sumo)を見た経験

・- -

・- -

ワンポイント
2 (3) try はここでは「試しに食べてみる」という意味。
3 (4)「ボランティア活動をする」do volunteer work
4 (3) get on ~「~に乗る」
5 (2)〈such(+a, an)+形容詞+名詞〉「そんなに~な…」

41

4 現在完了形（完了・結果）

重要点をつかもう

1 **Have you finished** your homework yet? （ポイント❶）

（あなたは**すでに**宿題**を終えました**か。）

2 Mark **has** already **gone** to America. （ポイント❷）

（マークは**もう**アメリカに**行ってしまいました**。）

（ポイント❶） **完了・結果の用法**…**現時点までにその行為が完了している**ことを表す。

I **have already finished** my homework.「私は**すでに**宿題**を終えました**。」

〈have＋already「すでに」＋過去分詞〉

完了・結果でよく用いる語：**just**「ちょうど」，**already**「すでに，もう」（肯定文），

yet「すでに，もう」（疑問文），「まだ」（否定文） など

（ポイント❷） 完了・結果の用法は，現在の状況とのつながりに注目する。

・Mark **has gone** to America.「マークはアメリカに**行ってしまった**。」

→ is not here now → 今，ここにはいない

Step 1 基本問題

解答▶別冊 15 ページ

1 ［現在完了の形］次の日本文に合うように，＿＿＿に適切な語を入れなさい。

(1) 彼らはすでに外出してしまいました。

They ＿＿＿＿＿ already ＿＿＿＿＿ out.

(2) ジェーンはまだ仕事を終えていません。

Jane ＿＿＿＿＿ not ＿＿＿＿＿ her work yet.

(3) バスはちょうど出発してしまいました。

The bus ＿＿＿＿＿ just ＿＿＿＿＿.

(4) 春がやってきました。

Spring ＿＿＿＿＿ ＿＿＿＿＿.

(5) あなたはもう手を洗いましたか。

＿＿＿＿＿ you ＿＿＿＿＿ your hands yet?

(6) たった今私は窓を割ってしまいました。

＿＿＿＿＿ just ＿＿＿＿＿ the window.

語句 spring「春」

Guide

確認 否定文と疑問文

▶完了・結果の用法でも，経験の用法と同様に否定文・疑問文を作ることができる。

・否定文…have〔has〕のあとに not を置く。

・疑問文…have〔has〕を主語の前に出す。

参考 完了・結果の応答文

▶ Have you finished ～ yet?「あなたはもう～を終えましたか。」などの現在完了の文にも，Yes, ～ have. / No, ～ haven't. で答えるのが基本だが，No, not yet.「いいえ，まだです。」のような答え方も可能。

2 ［yet と already］次の英文を（　　）内の指示にしたがって書きかえなさい。

(1) I have already read this book.　（yet を用いて否定文に）

------

(2) Ken has already cleaned his room.　（yet を用いて疑問文に）

------

3 ［結果の意味］次の2つの英文を，現在完了を用いて1文にしなさい。

(1) I lost my camera. I don't have it now.

------

(2) My parents went to Canada. They are still there.

🍬 語句　still「まだ」

4 ［まぎらわしい表現］次の各組の英文を，意味のちがいがわかるように日本語にしなさい。

(1) ① I have already seen the movie.

（　　　　　　　　　　　　　　　　　　　　）

② Have you seen the movie yet?

（　　　　　　　　　　　　　　　　　　　　）

③ I haven't seen the movie yet.

（　　　　　　　　　　　　　　　　　　　　）

(2) ① He has been to America once.

（　　　　　　　　　　　　　　　　　　　　）

② He has gone to America.

（　　　　　　　　　　　　　　　　　　　　）

③ He has just been to the city hall.

（　　　　　　　　　　　　　　　　　　　　）

🍬 語句　city hall「市役所」

1・2年の復習
第1章
第2章
第3章
第4章
第5章
第6章
第7章
総仕上げテスト

 副詞の位置

▶ already, just, yet は次の位置に置くことが多い。

・already, just
　　　　　　→過去分詞の前

・yet →文末

 book, clean

▶ book は名詞，clean は動詞として使われることが多いが，book を動詞，clean を形容詞として使うこともできる。book は動詞で使うと「予約する」，clean は形容詞で使うと，「清潔な」という意味になる。

 現在完了と過去時制

▶過去時制は単に過去の事実を示すだけだが，現在完了は行動の結果，現在もその行動の影響を受けていることを意味する。そのため in 2005「2005年に」や last week「先週に」のように，はっきりと過去を示す語句といっしょには使うことができないが，since last week「先週から」のように since を加えて現在も継続しているという意味の語句(→ p.46)や，before「以前」のように具体的にいつということを示さない語句となら使うことができる。

▶現在完了とともに使わない語句

・〜 ago「〜前」

・just now「ちょうど今」

・when「〜のとき」など

43

1 次の日本文に合うように，英文の＿＿＿にあてはまる語を下から選びなさい。(15点)

(1) エレンはちょうど朝食をとったところです。すぐにやってきますよ。

Ellen has ＿＿＿＿＿ had breakfast. She'll be here soon.

(2) トムはクラスメートですが，私は1度も彼と話したことがありません。

Tom is my classmate, but I have ＿＿＿＿＿ spoken to him.

(3) 私はすでに今日の新聞を読みました。

I have ＿＿＿＿＿ read today's newspaper.

(4) あなたは今までに東京タワーか東京スカイツリーを見たことがありますか。

Have you ＿＿＿＿＿ seen Tokyo Tower or Tokyo Skytree?

(5) その電車はすでに到着しましたか。

Has the train arrived ＿＿＿＿＿?

| ever | never | already | yet | just |

2 次の対話文の＿＿＿に gone，been の中から適切なものを入れなさい。(12点)

(1) *A* : Where's Mike?　　*B* : He's not here. He's ＿＿＿＿＿ to school.

(2) *A* : Hello, Tom. Where have you ＿＿＿＿＿?

B : I've just ＿＿＿＿＿ to the post office.

(3) *A* : Have you ever ＿＿＿＿＿ to the new restaurant?

B : Yes. I enjoyed dinner there last week.

(4) *A* : You saw Jack in the library an hour ago, didn't you?

B : Yes, I did. But I think he's already ＿＿＿＿＿ home.

3 次の英文の（　　）内の語句を並べかえなさい。(20点)

(1) (written, the history report, John, already, has).

＿＿＿＿＿＿＿＿＿＿＿＿＿＿＿＿＿＿＿＿＿＿＿＿＿＿＿＿＿＿＿＿＿

(2) (come, yet, your father, has, home)?

＿＿＿＿＿＿＿＿＿＿＿＿＿＿＿＿＿＿＿＿＿＿＿＿＿＿＿＿＿＿＿＿＿

(3) (just, the Internet, I've, about, read, the book).

＿＿＿＿＿＿＿＿＿＿＿＿＿＿＿＿＿＿＿＿＿＿＿＿＿＿＿＿＿＿＿＿＿

(4) I (told, the meeting, yet, about, haven't, Alex).

I ＿＿＿＿＿＿＿＿＿＿＿＿＿＿＿＿＿＿＿＿＿＿＿＿＿＿＿＿＿＿＿＿.

4 次の日本文に合うように，＿＿＿に適切な語を入れなさい。(20点)

(1) 彼はすでにその映画を見ました。

He has ＿＿＿＿＿＿ ＿＿＿＿＿＿ the movie.

(2) 健とトムはまだ夕食を食べていません。

Ken and Tom ＿＿＿＿＿ eaten dinner ＿＿＿＿＿.

(3) 太郎はちょうど宿題を終えたところです。

Taro has ＿＿＿＿＿＿ ＿＿＿＿＿＿ his homework.

(4) 由美はすでに日本を出発したのですか。── いいえ，まだです。

Has Yumi left Japan ＿＿＿＿＿？── No, not ＿＿＿＿＿.

(5) 彼らは2年前にイタリアからやってきました。

＿＿＿＿＿＿ ＿＿＿＿＿＿ from Italy two years ago.

🔶 語句　Italy「イタリア」

5 次の各組の英文がほぼ同じ意味になるように，＿＿＿に適切な語を入れなさい。(15点)

(1) Mark went to the park, and he has just come back.

= Mark has ＿＿＿＿＿＿ ＿＿＿＿＿＿ to the park.

(2) Ellen went to Kyoto. She's still there.

= Ellen has ＿＿＿＿＿＿ ＿＿＿＿＿＿ Kyoto.

(3) I lost my wallet. I'm looking for it now.

= I ＿＿＿＿＿＿ ＿＿＿＿＿＿ my wallet.

🔶 語句　wallet「財布」　look for 〜「〜を探す」

6 次の英文を日本語にしなさい。(18点)

(1) Tom has broken his computer. He has to buy a new one.

(　　　　　　　　　　　　　　　　　　　　　　　　　　　　　　　)

(2) My father has not finished the work yet. He's still doing it.

(　　　　　　　　　　　　　　　　　　　　　　　　　　　　　　　)

(3) Let's go shopping. I've already washed the dishes.

(　　　　　　　　　　　　　　　　　　　　　　　　　　　　　　　)

🔶 語句　dish「皿」

ワンポイント **2** have gone to 〜「〜へ行ってしまった」と have been to 〜「〜へ行ってきたところだ，〜へ行ったことがある」を区別する。
4 (5)はっきりと過去を示す語句といっしょに現在完了形は使えない。

5 現在完了形（継続）・現在完了進行形

重要点をつかもう

1 I **have lived** here **for** a long time. ☞ポイント❶

（私はここに長い**間**住んでいます。）

2 Rino **has been studying** math **since** this morning. ☞ポイント❷

（梨乃は今朝からずっと数学を勉強しています。）

3 **How long** have you stayed in this town? ☞ポイント❸

（あなたは**どれくらいの間**この町に滞在しているのですか。）

☞ポイント❶ **継続の用法**…ある状態が過去から現在まで続いていることを表す。**期間を表す語句**（for ～, since ～など）とともによく用いられる。

否定文…〈have not〔haven't〕, has not〔hasn't〕＋過去分詞〉

疑問文…〈Have, Has＋主語＋過去分詞～?〉

☞ポイント❷ **現在完了進行形**…〈have〔has〕been＋～ing〉の形で, **ある動作が過去から現在まで続いている**ことを表す。

☞ポイント❸ **How long ～?** は, 現在完了形や現在完了進行形とともによく用いられ, 「**どれくらいの間～, いつから～**」と期間をたずねる表現を作る。

Step 1 基本問題

解答▶別冊 16 ページ

1 ［現在完了の形］次の日本文に合うように, _____ に適切な語を入れなさい。

(1) 私は彼を 3 年間知っています。

I _____ _____ him for three years.

(2) アンは 2015 年からその犬を飼っています。

Ann _____ _____ the dog since 2015.

(3) 彼女たちは昨日から具合が悪いです。

They _____ _____ sick since yesterday.

(4) 彼は今週ずっとひまではありません。

He _____ _____ been free this week.

(5) 健と久美は長い間, アメリカを訪れたいと思っていますか。

_____ Ken and Kumi _____ to visit the U.S. for a long time?

🍩 語句 sick「病気の, 具合が悪い」

Guide

 現在完了形の意味

▶現在完了形の 3 つの用法は, それぞれ意味する内容が異なるが, 「経験」→「過去から現在までの経験」, 「完了・結果」→「過去から現在までに完了」, 継続→「過去から現在まで状態の継続」というように, 何らかの形で「過去」と「現在」を結び付けている点で共通した表現であると言える。

2 [現在完了進行形] 次の英文を，文末に（　　）内の語句を加えて現在完了進行形の文にしなさい。

(1) You are playing soccer.　（for five years）

....

(2) Mike is studying Japanese.　（since last year）

....

(3) I'm reading the book.　（for three hours）

....

(4) My son is sleeping in his room.　（since last night）

....

3 [期間をたずねる疑問文] 次の英文を下線部が答えの中心になる疑問文にしなさい。

(1) Emi has had the sweater <u>for two years</u>.

....

(2) His parents have been married <u>since 2000</u>.

....

(3) Your brother has been watching TV <u>for four hours</u>.

....

語句　sweater「セーター」　be married「結婚している」

4 [完了形の疑問文と答え方] 次の＿＿に適切な語を入れて，対話文を完成しなさい。

(1) *A* : Have you lived in this city ＿＿＿＿＿ a long

＿＿＿＿＿ ?

B : No, we ＿＿＿＿＿. We moved here last month.

(2) *A* : Has Shoko ＿＿＿＿＿ busy ＿＿＿＿＿ this morning?

B : Yes. She's ＿＿＿＿＿ working all day.

(3) *A* : How long ＿＿＿＿＿ your father been teaching at that

school?

B : ＿＿＿＿＿ about three years.

語句　move「引っ越す」　all day「一日中」

 現在完了形（継続）と　進行形

▶継続用法の現在完了形では，know, live などの状態を表す動詞が使われ，read や run など動作を表す動詞の継続は現在完了進行形で表す。ただし，study, play, rain, などある程度長い時間続けて行われる動作や繰り返し行われる動作を表す動詞は，現在完了形でも動作の継続を表すことがある。

確認　How long ～? への　答え方

▶会話では簡単に，次のように答えることもある。
3 (1) → For two years.
　　(2) → Since 2000.

くわしく　期間を表す語句

▶現在完了の継続用法や現在完了進行形でよく使われる期間を表す語句は以下の 2 つ。
・for「～の間」
・since「～以来」
I have lived in Tokyo <u>for</u> ten years.「私は 10 年間，東京に住んでいます。」，
I have been studying English <u>since</u> I was five.「私は 5 歳のとき<u>から</u>英語を勉強しています。」などのような形で用いる。

1 2 年の復習
第 1 章
第 2 章
第 3 章
第 4 章
第 5 章
第 6 章
第 7 章
総仕上げテスト

Step **2** 標準問題

解答▶別冊 17 ページ

1 次の英文の(　　)にあてはまる最も適切な語を選び，記号で答えなさい。(12点)

(1) I have (　　　) a fan of *sumo* for many years.

　　ア be　　イ am　　ウ been　　エ was

(2) How long have you (　　　) Kumi?

　　ア know　　イ known　　ウ knows　　エ knew

(3) Have you been (　　　) Japanese for a long time?

　　ア study　　イ studying　　ウ studies　　エ studied

(4) Ken has (　　　) a headache since this morning.

　　ア had　　イ has　　ウ have　　エ having

🔑 語句　have a headache「頭痛がする」

2 次の各組の英文がほぼ同じ意味になるように，＿＿＿に適切な語を入れなさい。(20点)

(1) I came to Japan two years ago. I still live in Japan.

　　= I ＿＿＿＿＿ ＿＿＿＿＿ in Japan ＿＿＿＿＿ two years.

(2) My sister started to work in New York in 2010. She still works there now.

　　= My sister has ＿＿＿＿＿ ＿＿＿＿＿ in New York ＿＿＿＿＿ 2010.

(3) We have had no rain for five days.

　　= It ＿＿＿＿＿ ＿＿＿＿＿ sunny ＿＿＿＿＿ five days.

(4) Tom became sick yesterday. He is still sick now.

　　= Tom ＿＿＿＿＿ ＿＿＿＿＿ sick ＿＿＿＿＿ yesterday.

3 次の日本文に合うように，(　　)内の語句を並べかえなさい。(15点)

(1) マイクとトシは2年間，同じ部にいます。

　　(the, Mike and Toshi, been, in, club, same, have, for) two years.

　　＿＿＿＿＿＿＿＿＿＿＿＿＿＿＿＿＿＿＿＿ two years.

(2) 私は先週から，このコンピュータを使っていません。

　　(this, since, used, haven't, I, computer) last week.

　　＿＿＿＿＿＿＿＿＿＿＿＿＿＿＿＿＿＿＿＿ last week.

(3) その王様はいつから馬に乗っているのですか？

　　(the king, long, riding, has, how, been) a horse?

　　＿＿＿＿＿＿＿＿＿＿＿＿＿＿＿＿＿＿＿＿ a horse?

重要 **4** 次の日本文に合うように，_____に適切な語を入れなさい。(25点)

(1) 私たちは，知り合って20年になります。

We _____ each other _____ twenty years.

(2) この前の日曜日からずっと雨が降っています。

It _____ raining _____ last Sunday.

(3) ブラウンさんは，そのとき以来ずっと何に興味を持っていますか。

_____ has Mr. Brown _____ interested in _____ then?

(4) あなたは今までどこにいたのですか。

_____ you _____ until now?

(5) 美紀は2時間電話で話をしているのですか。

_____ Miki _____ _____ on the phone for two hours?

5 次の英文を日本語にしなさい。(18点)

(1) I haven't heard from my son for a long time.

( )

(2) My grandmother has been dead for five years.

( )

(3) How long have the girls been dancing on the stage?

( )

🐾 語句　hear from ～「～から便り〔連絡〕がある」　dead「死んでいる」　dance「踊る」　stage「ステージ，舞台」

記述式 **6** 次の説明文の内容に合うように，空欄を埋めて，日本に住んでいる期間を表す2つの文を完成しなさい。(10点)

説明文：トム(Tom)は10歳のときに日本に来て，それからずっと日本に住んでいます。今は14歳です。

(1) Tom _____ since _____ .

(2) Tom _____ for _____ .

ワンポイント
2 (1)(2)(4) 2文の意味を考え，現在完了(進行)形を使った1文に書きかえる。
3 (3)「いつから～」は「どれくらい長く～」と考える。
6 (2)現在14歳なので「何年間」か考える。

Step ③ 実力問題

時間 40分　合格点 80点　得点　点

【　月　日】

解答▶別冊 18 ページ

1 次の英文の（　）にあてはまる最も適切な語句を選び，記号で答えなさい。(20点)

(1) She has (　　　) good care of my son for three years.　〔実践学園高〕

　　ア take　イ taking　ウ took　エ taken

(2) I (　　　) to the park three days ago.　〔駒込高〕

　　ア have been　イ go　ウ have gone　エ went

(3) I (　　　) English since last year.

　　ア am studying　イ have been studying　ウ has studied　エ studied

(4) When (　　　) you and Mark become friends?

　　ア are　イ has　ウ have　エ did

2 次の日本文に合うように，（　）内の語句を並べかえなさい。ただし，それぞれ 1 語不足しているので補うこと。(18点)

(1) あなたの妹は先月からずっとそのネコを探しているのですか。

　　(last month, for, been, the cat, looking, your sister, since)?

　　---

(2) 私はこれまでに 1 度もこんな危険な場所に行ったことはありません。　〔駒込高−改〕

　　(to, a dangerous, I, such, been, place, have).

　　---

(3) 私たちは 8 年前からの親友です。　〔洛南高〕

　　(friends, eight, have, we, years, for, good).

重要!! 3 次の各組の英文がほぼ同じ意味になるように，＿＿に適切な語を入れなさい。(20点)

(1) He lost his watch. He can't find it anywhere.　〔郁文館高〕

　　= He ＿＿＿＿＿＿ ＿＿＿＿＿＿ his watch.

(2) We have had no rain for two weeks.　〔高知学芸高〕

　　= ＿＿＿＿＿＿ ＿＿＿＿＿＿ rained for two weeks.

(3) Diana went shopping, and she's not here now.　〔郁文館高〕

　　= Diana ＿＿＿＿＿＿ ＿＿＿＿＿＿ shopping.

(4) Nancy hasn't written a letter to anybody for three months.　〔慶應義塾高−改〕

　　= Nobody ＿＿＿＿＿＿ ＿＿＿＿＿＿ from Nancy for three months.

4 次の英文を読んで，あとの問いに答えなさい。(42点)　　　　　　　〔埼玉－改〕

①Dogs have been our good friends for a long time.　It is said that people began to keep them about 6,000 years ago.　People use dogs in many ways, for example, to watch homes, to hunt animals and sometimes to carry things.　They also use dogs to (　　⑦　　) people under buildings after earthquakes.　Dogs can be eyes for blind people, too.

Today, a lot of people keep dogs as pets.　②Have you ever kept a dog?　Children often want to get a dog.　They say to their parents, "I will take care of a dog every day."　But some children don't do ③this after they get a dog.

When you keep a dog, there are many important things to do.　Here are some of them.

First, you need to teach your dogs, for example, "Come," "Sit," and "Stay."　Young dogs can learn these things easily.

Second, you need to take your dog for a walk every day to keep it healthy.　When you take a walk with your dog, you should keep it on a lead because some people don't like dogs.

Third, you need to talk to your dog.　Please remember that your dog is a member of your family.　You should say, for example, "Good dog!" when you play or walk with your dog.　If you do so, your dog will be happy.

If you do ④these three things, both you and your dog will enjoy life, and become best friends.

注　It is said that ～「～と言われている」　hunt「狩りをする」　earthquake「地震」
　　blind「目の不自由な」　keep ～ healthy「～を健康に保つ」
　　keep ～ on a lead「～をひもにつなぐ」

(1) 文中の下線部①，②を日本語にしなさい。(14点)

　　① (　　　　　　　　　　　　　　　　　　　　　　　　　　　　　　　　)
　　② (　　　　　　　　　　　　　　　　　　　　　　　　　　　　　　　　)

(2) 文中の⑦に適切な英語を1語入れなさい。(6点)　　　- - - - - - - - - - - - - - - -

(3) 文中の下線部③が表している内容を日本語で書きなさい。(10点)

　　(　　　　　　　　　　　　　　　　　　　　　　　　　　　　　　　　　)

(4) 文中の下線部④が表している内容を日本語で3つ書きなさい。(12点)

　　(　　　　　　　　　　　　　　　　　　　　　　　　　　　　　　　　　)
　　(　　　　　　　　　　　　　　　　　　　　　　　　　　　　　　　　　)
　　(　　　　　　　　　　　　　　　　　　　　　　　　　　　　　　　　　)

語句　anywhere「どこにも」　nobody「だれも～ない」

6 不定詞の３用法

重要点をつかもう

1 To play video games is interesting. ポイント❶
（テレビゲームをすることは面白い。）

2 I have a lot of things to do. ポイント❷
（私はすべきことがたくさんあります。）

3 Emi got up early to study math. ポイント❸
（恵美は数学を勉強するために早起きしました。）

ポイント❶ 名詞的用法…「〜すること」という意味。文の主語，目的語，補語になる。
To play video games is interesting. 「テレビゲームをすることは面白い。」
to play「〜をすること」 ＊to play が文の主語になっている

ポイント❷ 形容詞的用法…「〜するための，〜すべき」という意味。主に名詞を修飾する。
I have a lot of things to do. 「私はすべきことがたくさんあります。」
things「こと」を to do「〜すべき」が修飾している

ポイント❸ 副詞的用法…①「〜するために」（目的）という意味。主に動詞を修飾する。
②「〜して」（理由）という意味。主に形容詞を修飾する。
I am glad to see you. 「私はあなたに会えてうれしい。」
glad「うれしい」を to see「〜に会えて」が修飾している

Step 1 基本問題

解答▶別冊 19 ページ

1 ［不定詞の位置］次の日本文に合う英語になるように，不定詞の to を入れる位置として最も適切な記号を選びなさい。

(1) 彼女はピアノを弾くことが好きです。
She ア likes イ play ウ the piano. （ ）

(2) ボブは昼食を買うためにちょうど出かけたところです。
Bob ア has just イ gone out ウ buy a lunch. （ ）

(3) 彼らはその知らせを聞いてうれしかった。
They ア were happy イ hear ウ the news. （ ）

(4) 彼の仕事は料理をすることです。
His ア job イ is ウ cook. （ ）

(5) 私は読むための本が欲しい。
I ア want イ a book ウ read. （ ）

Guide

確認 不定詞

▶〈to ＋動詞の原形〉を不定詞または to 不定詞という。不定詞には，
①名詞的用法「〜すること」
②形容詞的用法「〜するための，すべき」
③副詞的用法「〜するために，〜して」
の３つの用法がある。
また不定詞の to は，用法に関係なく動詞の原形の前に置く。

2 [不定詞の形] 次の日本文の意味に合うように，_____に適切な語を入れなさい。

(1) 沖縄には訪れる場所がたくさんあります。

There are many places _____ _____ in Okinawa.

(2) テニスをすることはとても楽しい。

_____ tennis is a lot of fun.

(3) 彼は昨夜，香奈に会うために来ました。

He came _____ Kana last night.

(4) 私の兄は英語を勉強する時間がありません。

My brother has no time _____ _____ English.

(5) 私はあなたを手伝えてうれしい。

I am glad _____ you.

🍪 語句　be a lot of fun「とても楽しい」

3 [不定詞の意味] 次の英文を日本語にしなさい。

(1) I had many things to do yesterday.

私は昨日，（　　　　　　　　　　　　　　　　）。

(2) I'm happy to see you again.

私はまた（　　　　　　　　　　　　　　　　　）。

(3) What do you want to become in the future?

あなたは将来（　　　　　　　　　　　　　　　）。

(4) Why did you go to the library? —— To read books.

あなたはなぜ図書館へ行ったのですか。

—— （　　　　　　　　　　　　　　　　　　　）。

4 [注意すべき形容詞的用法] 次の日本文に合うように，（　　）内の語を並べかえなさい。

(1) 彼には住む家がありません。

He has (in, to, no, live, house).

He has _____.

(2) 私は何か温かい食べものが欲しい。

I want (hot, something, to) eat.

I want _____ eat.

 不定詞の特徴

▶不定詞は〈to＋動詞の原形〉という形で，主語の人称や時制などによって形がかわることはない。

☕ drink, take

▶日本語では「薬を飲む」などのように固形物も「飲む」と言うが，英語の drink は液体に限られる。薬などは「摂取（せっ）する」という意味で take を使うのがふつうだ。また，スープは液体だがスプーンを使って口に運ぶので eat を使うのが一般的。ただしスープをカップに入れ，口をつけて飲むなら drink を使ってもいい。

🔍 why への返答

▶ Why ～? 「なぜ～。」と聞かれたら，「～のために，～だから」と答える。このため，Because ～ . だけでなく，不定詞の副詞的用法を返答として使うことができる。

🎓 注意すべき形容詞的用法

▶前置詞と連語になる動詞を使うとき，前置詞は残る。

　live in a house
　→ a house to live in
　write with a pen
　→ a pen to write with

▶〈something＋形容詞〉を修飾するときは，〈something＋形容詞＋不定詞〉の語順になる。

Step ② 標準問題

解答▶別冊 19 ページ

1 次の日本文に合うように，_____に適切な語を入れなさい。(16点)

(1) お年寄りの世話をすることはとても大切です。

_____ _____ care of old people is very important.

(2) あなたは，今日はすることがたくさんありますか。

Do you have a lot of things _____ _____ today?

(3) 父はその知らせを聞いて，とても喜びました。

My father was very glad _____ _____ the news.

(4) 私の夢は外国で暮らすことです。

My dream is _____ _____ in a foreign country.

2 次の英文の下線部と同じ用法の不定詞を含む文を下から選び，記号で答えなさい。(6点)

(1) I hope to live in Canada. （　　　）

(2) Ken went to the park to play tennis. （　　　）

(3) I want something to drink. （　　　）

　　ア　I have a wonderful picture to show you.

　　イ　Did you come here to see Mr. Smith?

　　ウ　I started to work for a bank.

　🍴 語句　bank「銀行」

重要 3 次の英文を日本語にしなさい。(24点)

(1) What do you want to be in the future?

　（　　　　　　　　　　　　　　　　　　　　　）

(2) Many foreigners come to Japan to visit Kyoto.

　（　　　　　　　　　　　　　　　　　　　　　）

(3) Was Tom surprised to see you?

　（　　　　　　　　　　　　　　　　　　　　　）

(4) I have no money to buy the book.

　（　　　　　　　　　　　　　　　　　　　　　）

(5) He was the first man to walk on the moon.

　（　　　　　　　　　　　　　　　　　　　　　）

(6) Would you like to go shopping with me next Sunday?

　（　　　　　　　　　　　　　　　　　　　　　）

　🍴 語句　foreigner「外国人」　moon「月」　Would you like to ～?「～なさいませんか。」

4 次の各組の英文がほぼ同じ意味になるように，_____に適切な語を入れなさい。(12点)

(1) I need to do a lot of homework today.

= I have much _____ _____ today.

(2) He became angry when he read the letter.

= He became angry _____ _____ the letter.

(3) Remember to close the window at night.

= _____ forget _____ _____ the window at night.

🟡 語句　become angry「怒る」　forget「忘れる」

5 次の英文の(　　)内の語を並べかえなさい。(24点)

(1) She has (friends, with, to, play, no).

She has _____ .

(2) I am (singer, happy, meet, to, favorite, my).

I am _____ .

(3) We could (anything, to, find, eat, not) in the kitchen.

We could _____ in the kitchen.

(4) (river, is, to, in, this, swim) dangerous.

_____ dangerous.

(5) We got up (train, catch, early, first, to, the).

We got up _____ .

(6) My father (his, to, began, wash, car).

My father _____ .

記述式 6 右の絵に合うように，不定詞の表現を使って，次の英文を完成しなさい。(18点)

(1) Mika's dream _____

_____ .

(2) Mika _____

_____ a singer.

(3) To _____

_____ Mika's dream.

Mika

★-★

ワンポイント

4 (3) remember to ～ 「～することを覚えている，忘れずに～する」

5 (1) play with ～ 「～と遊ぶ」は連語。

7 いろいろな不定詞

重要点をつかもう

1 My father **told me to wash** the car.　ポイント**1**

（父は私に車を洗うように言いました。）

2 Could you tell me **how to drive**?　ポイント**2**

（運転のしかたを私に教えてくれませんか。）

3 It is good for you to swim.　ポイント**3**

（泳ぐことはあなたにとってよいことです。）

ポイント1　〈**tell**, **ask**, **want**＋人＋to ～〉…「人に～するように言う，頼む，望む」

My father **told me to wash** the car.「父は私に車を洗うように言いました。」

　　〈tell＋人＋to ～〉「人に～するように言う」

　〈**let**, **make**, **help** など＋人＋動詞の原形〉…「人に～させる，人が～するのを助ける」

Let me **see** your picture.「私にあなたの写真を見せてください。」

　〈let＋人＋動詞の原形〉「人に～させる，人が～するのを許す」このような「動詞の原形」を「原形不定詞」という

ポイント2　〈**疑問詞＋to ～**〉…疑問詞によって意味がかわる。

　〈**how to ～**〉「**～する方法**」，〈**what to ～**〉「**何を～すべきか**」，〈**when to ～**〉「**いつ～すべきか**」，

　〈**where to ～**〉「**どこで～すべきか**」，〈**which A to ～**〉「**どの A を～すべきか**」　など

ポイント3　〈**It is …**（＋**for＋人**）＋**to ～**.〉…「（**人が**）**～することは…だ。**」

　　　　　　　　　　　　　　　「人にとって」と訳すこともある

To swim 　　is good **for** you.　　　　「あなた**にとって泳ぐことは**よいことです。」

＝ **It** 　　　　is good **for** you **to swim** .

　　It 　　　 is 　… 　for＋人 　to＋動詞の原形

Step 1 基本問題

解答▶別冊 20 ページ

1 ［SVO＋to ～］次の日本文に合うように，　　　に適切な語を入れなさい。

(1) 私は息子に医者になってほしい。

　I ＿＿＿＿＿ my son ＿＿＿＿＿ be a doctor.

(2) ブラウンさんは，私たちに手伝ってくれるよう頼みました。

　Mr. Brown ＿＿＿＿＿ us ＿＿＿＿＿ help him.

(3) 私はジムにあとで電話してほしい。

　I ＿＿＿＿＿ like Jim ＿＿＿＿＿ call me later.

Guide

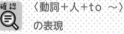

確認 〈動詞＋人＋to ～〉の表現

・〈tell＋人＋to ～〉
「人に～するように言う」

・〈want＋人＋to ～〉
「人に～してほしい」

・〈ask＋人＋to ～〉
「人に～するように頼む」

・〈would like＋人＋to ～〉
「人に～してほしい」

2 ［原形不定詞］次の日本文に合うように，＿＿に適切な語を入れなさい。

(1) 先生は私たちにそのコンピューターを使わせてくれます。

Our teacher ＿＿＿＿＿ us ＿＿＿＿＿ the computer.

(2) 姉は私がケーキを作るのを手伝ってくれました。

My sister ＿＿＿＿＿ me ＿＿＿＿＿ a cake.

3 ［疑問詞＋to～］次の各文の日本語の部分を英語に直しなさい。

(1) Tell me （この魚の料理のしかた）.

Tell me ＿＿＿＿＿＿＿＿＿＿＿＿＿＿＿＿＿＿.

(2) I don't know （何をすればよいか）.

I don't know ＿＿＿＿＿＿＿＿＿＿＿＿＿＿＿.

(3) Let's ask him （どこで野球をするべきか）.

Let's ask him ＿＿＿＿＿＿＿＿＿＿＿＿＿＿.

(4) The teacher told me （どの本を読むべきか）.

The teacher told me ＿＿＿＿＿＿＿＿＿＿＿.

4 ［It is ... to ～.］次の日本文に合うように，（　）内から適切な語を選んで○で囲みなさい。

(1) フランス語を話すことは簡単です。

(It, This) is easy to speak French.

(2) あなたがここで遊ぶのは危険です。

It is dangerous (for, of) you to play here.

(3) 私を手伝ってくれるとは彼は親切です。

It is kind (for, of) him to help me.

5 ［too ... to ～ ／ ... enough to ～］次の英文を日本語にしなさい。

(1) This tea is too hot to drink.

このお茶は （　　　　　　　　　　　　　　　）。

(2) It is warm enough to swim in the sea.

海で （　　　　　　　　　　　　　　　　　　）。

くわしく　原形不定詞を使った表現

・〈let＋人＋動詞の原形〉
「人が～するのを許す」

・〈make＋人＋動詞の原形〉
「人に～させる」

・〈have＋人＋動詞の原形〉
「人に～してもらう，～させる」

・〈help＋人＋動詞の原形〉
「人が～するのを手伝う」
〈help＋人＋to＋動詞の原形〉でも同じ意味になる。

確認　〈疑問詞＋名詞＋to ～〉

▶「どの本」などのようにいうときは，疑問詞の部分をwhich book のように「疑問詞＋名詞」の形にして，〈疑問詞＋名詞＋to ～〉の語順にする。

ひと休み　a how-to book

▶「ハウツー本」という言葉を聞いたことがあるだろうか。「ハウツー」とは how to のこと，つまりさまざまなものについての「方法」が書かれた本のことを指すのだ。

くわしく　for と of の使い分け

▶ It is ... to ～. の文で意味上の主語を示すとき，ふつう for を使うが，... の形容詞が人の性質を表す語のときは of になる。

・of を使う形容詞→ kind, nice, clever など

参考　不定詞の特殊表現

・too ... to ～
「あまりに…すぎて～できない」

・... enough to ～
「～できるほどじゅうぶん…」

Step ② 標準問題

時間 40分　合格点 80点　得点　　点

解答▶別冊 20 ページ

1 次の英文の（　　）内の語を並べかえなさい。(20点)

(1) It is (Jane, necessary, for, study, to) hard.

It is _____ hard.

(2) My father (us, to, quiet, be, told).

My father _____ .

(3) My sister (play, let, didn't, me) her guitar.

My sister _____ her guitar.

(4) It is (hot, sleep, too, to) in this room.

It is _____ in this room.

(5) My uncle taught me (ride, to, bike, a, how).

My uncle taught me _____ .

🟡 語句　necessary「必要な」

2 次の英文の（　　）にあてはまる最も適切な語句を選び，記号で答えなさい。(20点)

(1) It is fun （　　　） baseball.

　ア for play　　イ of playing　　ウ playing　　エ to play

(2) Do you know （　　　） leave?

　ア when to　　イ what to　　ウ which to　　エ what time

(3) Ken made his friends （　　　） for an hour in the park.

　ア waiting　　イ waited　　ウ to wait　　エ wait

(4) Tell me （　　　） bus to take.

　ア where　　イ when　　ウ which　　エ how

(5) It is not easy （　　　） to write a letter in English.

　ア of me　　イ me to　　ウ too　　エ for me

🟡 語句　leave「出発する」

3 次の英文を日本語にしなさい。(15点)

(1) It is very important to be kind to old people.

（　　　　　　　　　　　　　　　　　　　　　　　　　　　　　　　）

(2) This book is too difficult for me to read.

（　　　　　　　　　　　　　　　　　　　　　　　　　　　　　　　）

(3) Why don't you ask him to teach you math?

（　　　　　　　　　　　　　　　　　　　　　　　　　　　　　　　）

重要 **4** 次の日本文に合うように，＿＿＿に適切な語を入れなさい。(20点)

(1) あなたに3時に来てほしいと思っています。

I want ＿＿＿＿＿ ＿＿＿＿＿ ＿＿＿＿＿ at three.

(2) 百合は，弟が宿題をするのを手伝いました。

Yuri ＿＿＿＿＿ ＿＿＿＿＿ ＿＿＿＿＿ ＿＿＿＿＿ his homework.

(3) 夕食に何を作ったらいいかお母さんに聞いてみなさい。

Ask your mother ＿＿＿＿＿ ＿＿＿＿＿ ＿＿＿＿＿ for dinner.

(4) 彼は親切にも私を家まで車で送ってくれました。

He was ＿＿＿＿＿ ＿＿＿＿＿ ＿＿＿＿＿ drive me home.

(5) あなたにとって科学を勉強することは興味深いですか。

Is it ＿＿＿＿＿ ＿＿＿＿＿ ＿＿＿＿＿ ＿＿＿＿＿ study science?

🍪 語句　drive「～を車で送る」

5 次の各組の英文がほぼ同じ意味になるように，＿＿＿に適切な語を入れなさい。(15点)

(1) Can you use this computer?

　= Do you know ＿＿＿＿＿ ＿＿＿＿＿ use this computer?

(2) To use the Internet is very interesting.

　= ＿＿＿＿＿ is very interesting ＿＿＿＿＿ use the Internet.

(3) Show me your notebook.

　= ＿＿＿＿＿ me ＿＿＿＿＿ your notebook.

(4) I can't read this book in a day.

　It is impossible for me ＿＿＿＿＿ ＿＿＿＿＿ this book in a day.

(5) I was so tired that I couldn't sleep well.

　I was ＿＿＿＿＿ tired ＿＿＿＿＿ sleep well.

🍪 語句　impossible「不可能な」　so ～ that ...「非常に～なので…」

記述式 **6** 次の状況に合うように，与えられた書き出しに続いてほぼ同じ意味の2つの英文を完成しなさい。(10点)

状況：あなたは駅への行き方を外国人(the foreigner)にたずねられました。

(1) The foreigner said to me,"Please ＿＿＿＿＿＿＿＿＿＿."

(2) The foreigner asked ＿＿＿＿＿＿＿＿＿＿.

★━☆━★━☆━★━☆━★━☆━★━☆━★━☆━★━☆━★━☆━★━☆━★━☆━★

ワンポイント
2 (2)(4)〈疑問詞＋to ～〉の形は，「疑問詞の意味＋～すべきか」の意味になる。
4 (4)「人を車で家に送る」〈drive＋人＋home〉

第 3 章 不定詞・分詞　　　　　　　　　　　　【　　月　　日】

8 現在分詞・過去分詞の基本

重要点をつかもう

1 Who is that **swimming** boy?　＜ポイント❶
　（あの泳いでいる男の子はだれですか。）

2 Look at the **broken** window.　＜ポイント❷
　（壊れた窓を見てください。）

分詞表現…**現在分詞**と**過去分詞**があり，名詞を修飾する。

＜ポイント❶ 現在分詞…～ing 形で「**～している**」の意味を表し，名詞を修飾する。

Who is that **swimming** boy?「あの**泳いでいる**男の子はだれですか。」
　　　　　　　　└──────前から修飾：「泳いでいる」＋「男の子」

＜ポイント❷ 過去分詞…過去分詞で「**～された**」という意味を表し，名詞を修飾する。

Look at the **broken** window.「**壊れた**窓を見てください。」
　　　　　　　└──── 前から修飾：「壊(さ)れた」＋「窓」

Step 1 基本問題

解答▶別冊 21 ページ

1 [前から名詞を修飾する分詞] 次の日本文に合うように，（　　）内の語を適切な形に直しなさい。

(1) その眠っている赤ちゃんはとてもかわいい。

　The (sleep) baby is very cute.　　　----------------

(2) 壊れた時計はどこにありますか。

　Where is the (break) clock?　　　----------------

(3) あの泣いている子どもを知っていますか。

　Do you know that (cry) child?　　　----------------

(4) あの飛んでいる鳥が見えますか。

　Can you see that (fly) bird?　　　----------------

(5) この閉じられた箱の中には何がありますか。

　What is in this (close) box?　　　----------------

(6) あのほほえんでいる少女はトモミです。

　That (smile) girl is Tomomi.　　　----------------

(7) これは中古の車です。

　This is a (use) car.　　　----------------

🟡 語句　cute「かわいい」　clock「時計」　fly「飛ぶ」　smile「ほほえむ」

Guide

🔍 確認　**現在分詞と過去分詞**

▶現在分詞は「～している」，過去分詞は「～された」という意味になる。「～している…」，「～された…」というひとまとまりに注目しよう。

(1)「眠っている赤ちゃん」
(2)「壊れた時計」
(3)「泣いている子ども」
(4)「飛んでいる鳥」
(5)「閉じられた箱」
(6)「ほほえんでいる少女」
(7)「中古の車」→「使われた車」

2 [形容詞になっている分詞] 次の日本文に合うように，英文の（　　）内から適切な語を選んで○で囲みなさい。

(1) ① それはわくわくする試合でしたね。

It was an (exciting, excited) game, wasn't it?

② 競技場にはたくさんの興奮した人々がいました。

There were many (exciting, excited) people in the stadium.

(2) ① 私はこの物語に興味があります。

I am (interesting, interested) in this story.

② 私は興味深い本を買いました。

I bought an (interesting, interested) book.

3 [現在分詞と過去分詞の区別] 次の各組の英文がほぼ同じ意味になるように，＿＿＿に適切な語を入れなさい。

(1) The man is my father.　He is running.

= The ＿＿＿＿＿＿＿ man is my father.

(2) This is a T-shirt.　It is used.

= This is a ＿＿＿＿＿＿＿ T-shirt.

4 [分詞の用法の区別] 次の各組の英文を，意味のちがいがわかるように日本語にしなさい。

(1) ① This is the broken bike.

(　　　　　　　　　　　　　　　　　　　　　　)

② My brother has broken this bike.

(　　　　　　　　　　　　　　　　　　　　　　)

③ This bike was broken by my brother.

(　　　　　　　　　　　　　　　　　　　　　　)

(2) ① The reading man is my uncle.

(　　　　　　　　　　　　　　　　　　　　　　)

② My uncle is reading a book over there.

(　　　　　　　　　　　　　　　　　　　　　　)

③ Reading good books is important.

(　　　　　　　　　　　　　　　　　　　　　　)

 くわしく 形容詞になった分詞

▶ exciting「わくわくする，興奮する」，excited「わくわくした，興奮した」は，どちらももとは動詞 excite の分詞であった。現在分詞の exciting は「興奮させる」ものについて用い，excited は「興奮させられた」人についてふつう用いる。interesting, interested についても同様で，いずれも現在は形容詞として用いられる。

確認 現在分詞と過去分詞の使い分け

▶現在分詞は「〜している」という意味，過去分詞は「〜された」という意味を表す。

 注意 分詞の用法の区別

▶分詞は，名詞を前から修飾する以外にも，次のような用法で使われることがある。

①過去分詞
・現在完了
〈have〔has〕＋過去分詞〉「〜してしまった」など
・受け身形
〈be 動詞＋過去分詞〉「〜される」

②現在分詞
・進行形
〈be 動詞＋〜ing〉「〜している」

また現在分詞と同じ形の動名詞は，文の中で主語や目的語などになる。

Step ② 標準問題

解答▶別冊 22 ページ

1 次の英文の(　)内から適切な語を選んで○で囲みなさい。(10点)

(1) That (skis, skied, skiing) boy is cool.

(2) Would you like these (bake, baking, baked) cookies?

(3) Is your mother (cook, cooking, cooked) in the kitchen?

(4) The desk was (move, moving, moved) by my brother.

(5) There were some (sung, singing, sang) birds in the tree.

🎮語句　cool「かっこいい」　bake「〜を焼く」　sing「(鳥などが)さえずる」

2 次の日本文に合うように，＿＿＿に適切な語を入れなさい。(24点)

(1) あのペンキを塗られた壁にさわってはいけません。

　Don't touch that ＿＿＿＿＿ wall.

(2) その歩いている犬を見なさい。

　Look at the ＿＿＿＿＿ dog.

(3) あなたはそのニュースに驚きましたか。

　Were you ＿＿＿＿＿ at the news?

(4) 彼はインターネットに興味があります。

　He is ＿＿＿＿＿ in the Internet.

(5) そのサッカーの試合はほんとうにわくわくするものでした。

　The soccer game was really ＿＿＿＿＿.

(6) 彼女は中古車を運転しています。

　She is ＿＿＿＿＿ a ＿＿＿＿＿ car.

🎮語句　paint「ペンキを塗る」

3 次の各組の英文がほぼ同じ意味になるように，＿＿＿に適切な語を入れなさい。(16点)

(1) I was shocked. The window was broken.

　= I was shocked at the ＿＿＿＿＿ window.

(2) There is a cat. It is sleeping.

　= There is a ＿＿＿＿＿ cat.

(3) I am interested in the movie.

　= The movie is ＿＿＿＿＿ for me.

(4) The concert was exciting to us.

　= We were ＿＿＿＿＿ at the concert.

4 次の日本文に合うように，（　　）内の語句を並べかえなさい。(16点)

(1) 久美はあの笑っている少女です。

Kumi (that, girl, is, smiling).

Kumi _____.

(2) この手紙は私の弟によって書かれました。

(written, letter, by, this, was) my brother.

_____ my brother.

(3) あなたは絵を描くことに興味がありますか。

Are you (a picture, in, painting, interested)?

Are you _____?

(4) あなたはその映画がわくわくするものだったと思いますか。

Do you think (was, the, exciting, movie)?

Do you think _____?

5 次の各組の英文の意味のちがいがわかるように日本文にしなさい。(24点)

(1) ① Is the boy swimming?

(　　　　　　　　　　　　　　　　　　　　　　　　　　)

② Is the swimming boy your brother?

(　　　　　　　　　　　　　　　　　　　　　　　　　　)

③ Does the boy like swimming?

(　　　　　　　　　　　　　　　　　　　　　　　　　　)

(2) ① The washed car is Bill's.

(　　　　　　　　　　　　　　　　　　　　　　　　　　)

② The car is washed by Bill.

(　　　　　　　　　　　　　　　　　　　　　　　　　　)

③ Bill has just washed his car.

(　　　　　　　　　　　　　　　　　　　　　　　　　　)

記述式 **6** 右の絵に合うように，分詞を使って，次の英文を完成しなさい。(10点)

(1) The _____ boy is Ken.

(2) The _____ girl is Yumi.

Yumi　　　　　　　　　　　Ken

★-★

ワンポイント
3 (1)「割れた窓にショックを受けた」と考える。
6 イラストの男の子と女の子の動作を表す動詞1語を考える。

9. 分詞の位置

重要点をつかもう

1 Who is that boy **swimming in the pool?** ポイント❶

（プールで泳いでいるあの男の子はだれですか。）

2 Look at the window **broken by Tom.** ポイント❷

（トムに壊された窓を見てください。）

分詞の位置…分詞が1語で名詞を修飾するときは主に前から名詞を修飾するが，語句になる場合は後ろから名詞を修飾する。（後置修飾）

ポイント❶ 現在分詞

Who is that boy **swimming in the pool?**「**プールで泳いでいる**あの男の子はだれですか。」

後ろから修飾：「あの男の子」＋「プールで泳いでいる」

ポイント❷ 過去分詞

Look at the window **broken by Tom.**「**トムに壊された**窓を見てください。」

後ろから修飾：「窓」＋「トムによって壊された」

Step 1 基本問題

解答▶別冊 23 ページ

1 ［後ろから名詞を修飾する分詞］次の日本文に合うように，（　　）内の語を適切な形に直しなさい。

(1) これはピカソによって描かれた絵です。

This is a picture（paint）by Picasso.

(2) 向こうで走っている男の子はケンジです。

The boy（run）over there is Kenji.

(3) スミスさんと話している女性は私の母です。

The lady（talk）with Mr. Smith is my mother.

(4) ブラジルで話されている言語はポルトガル語です。

The language（speak）in Brazil is Portuguese.

(5) サッカーは世界中でプレーされているスポーツです。

Soccer is a sport（play）all over the world.

語句　Picasso「ピカソ（人名）」　Brazil「ブラジル」　Portuguese「ポルトガル語」

Guide

ひと休み　公用語

▶ヨーロッパの国に支配された歴史をもつ国では支配国の言語が現在の公用語になっている場合が多い。メキシコやアルゼンチンなど，中南米の国の多くはかつてスペインに支配されていたため，スペイン語を公用語とする国が多いが，ブラジルはポルトガルに支配されていたため，今もポルトガル語が公用語となっている。

2 ［後ろから名詞を修飾する分詞］次の日本文に合う英文になる
ように，_____に適する語を入れなさい。

(1) ケイは公園でテニスをしているあの少年です。

Kei is that boy _____ tennis in the park.

(2) 彼女は多くの人々に愛されている歌手です。

She is a singer _____ by many people.

(3) 向こうで踊っている女性は私の姉です。

The woman _____ over there is my sister.

(4) 湖で泳いでいる少年たちはあなたの友達ですか。

Are the boys _____ in the lake your friends?

(5) ハワイで撮られた写真を私に見せてくれますか。

Will you show me the photos _____ in Hawaii?

🌀 語句　photo「写真」 Hawaii「ハワイ」

3 ［分詞の用法の区別］次の各組の英文を意味のちがいがわかる
ように日本語にしなさい。

(1) ① The singing girl is Yuki.

(　　　　　　　　　　　　　　　　　　　　　　　）

② The girl talking with her friends is Yuki.

(　　　　　　　　　　　　　　　　　　　　　　　）

(2) ① The sport is loved in many countries.

(　　　　　　　　　　　　　　　　　　　　　　　）

② This is the sport loved in many countries.

(　　　　　　　　　　　　　　　　　　　　　　　）

4 ［分詞を含む文］次の英文の（　　）内の語句を並べかえなさい。

(1) This (made, 1999, in, a movie, is).

This _____.

(2) The (by, him, told, story, is) very strange.

The _____ very strange.

(3) Who is (desk, at, the man, the, sitting)?

Who is _____?

🌀 語句　strange「奇妙な」

1・2年の復習

第1章

第2章

第3章

第4章

第5章

第6章

第7章

総仕上げテスト

🔍 **確認** 分詞の位置と使い分
け

▶**分詞の位置**
分詞1語のときは名詞を前
から修飾するが，2語以上の
語句のときは名詞を後ろから
修飾する。語句になるときは
分詞を含めたどこからどこま
での語句が名詞を修飾してい
るのかをしっかりとらえよう。

▶**分詞の使い分け**
修飾される名詞と分詞の関係
を考える。分詞が「〜してい
る…」と現在進行中の動作が
名詞を修飾するなら現在分詞，
「〜された…」と受け身の意
味が名詞を修飾するなら過去
分詞を使う。

 くわしく 分詞の修飾関係

▶**3**後置修飾の英文を日本
語に訳すときは，後ろから前
に戻るように日本語にするこ
とが多い。

(1)②では talking with her
　friends の部分から前に戻
　って訳す。

(2)②では，This を訳したあと，
　loved in many countries
　を先に訳してから，the
　sport に戻るとよい。

🔍 **確認** 分詞表現の語順

▶**4**分詞は単独で前から名
詞を修飾することもあるが，
2語以上のかたまりとして後
置修飾の形になることが多い。

(1)「映画」を「1999年に作
　られた」が修飾する形を考
　える。

(2)「物語」を「彼によって話
　された」が修飾する形を考
　える。

Step ② 標準問題

時間 40分　合格点 80点　得点 　　点

解答▶別冊 23 ページ

1 次の英文の(　　)内の語を適切な形に直しなさい。(8点)

(1) Look at the girl (speak) to Mr. Smith.

　　--------------------------------

(2) This is a book (write) by a famous writer.

　　--------------------------------

(3) This computer (make) in Germany is very expensive.

　　--------------------------------

(4) The girl (draw) a picture is my sister.

🖐語句　Germany「ドイツ」 expensive「高価な」

重要 2 次の日本文に合うように，_____に適切な語を入れなさい。(24点)

(1) グリーン先生は，すべての生徒に愛されている先生です。

　　Ms. Green is a teacher _____ every student.

(2) 新聞を読んでいるあの男の人を知っていますか。

　　Do you know that man _____?

(3) バスを待っている生徒がたくさんいます。

　　There are a lot of students _____ the bus.

(4) シンガポールで公用語として用いられている言語は何ですか。

　　What is the language _____ an official language in Singapore?

(5) マイクは日本車を欲しがっています。

　　Mike wants a car _____ Japan.

(6) 彼はみんなに知られているサッカー選手です。

　　He is a soccer player _____ everyone.

🖐語句　official language「公用語」 Singapore「シンガポール」

3 次の各組の英文がほぼ同じ意味になるように，_____に適切な語を入れなさい。(20点)

(1) I have an aunt. She lives in London.

　　= I have an _____ in London.

(2) My sister is playing tennis with Mary.

　　= The girl _____ tennis with Mary _____ my sister.

(3) Taro caught this big fish yesterday.

　　= This is a big fish _____ Taro yesterday.

(4) Many people visit this park every spring.

　　= This is a park _____ many people every spring.

(5) This bridge is called "Rainbow Bridge."

　　= This is a _____ "Rainbow Bridge."

1・2年の復習
第1章
第2章
第3章
第4章
第5章
第6章
第7章
総仕上げテスト

4 次の英文の( )内の語句を並べかえなさい。(16点)

(1) The (in, sleeping, the bed, baby) is one year old.

The ＿＿＿＿＿＿＿＿＿＿＿＿＿＿＿＿＿ is one year old.

(2) My father bought me a (in, made, camera, Japan).

My father bought me a ＿＿＿＿＿＿＿＿＿＿＿＿＿＿.

(3) Look at the (reading, man, English, an, book).

Look at the ＿＿＿＿＿＿＿＿＿＿＿＿＿＿＿＿.

(4) The (told, story, my teacher, by) was very interesting.

The ＿＿＿＿＿＿＿＿＿＿＿＿＿ was very interesting.

5 次の英文を日本語にしなさい。(20点)

(1) Can you see a boy running after the bus?

( )

(2) I'll stay at a hotel built one hundred years ago.

( )

(3) Do you know the name of the bird flying in the sky?

( )

(4) The boy lying under the tree is my brother.

( )

(5) That mountain covered with a lot of snow is Mt. Fuji.

( )

🐾 語句　run after ～「～を追いかける」 lie「横たわる」

記述式 6 次のような状況において，あとの(1)，(2)のとき，あなたはどのように言いますか。分詞を使って，＿＿＿に適する語句をそれぞれ4語以上で書き入れ，英文を完成させなさい。(12点)

【状況】 別の中学校に通う友だちに，学校の友だちを写した写真を見せてもらっています。あなたは，写真の中で何かを食べている1人の男の子に目がとまります。

(1) 何かを食べている男の子がだれかをたずねるとき。

Who ＿＿＿＿＿＿＿＿＿＿＿＿＿＿＿ something?

(2) 男の子が食べているものが何かをたずねるとき。

What ＿＿＿＿＿＿＿＿＿＿＿＿＿＿ by the boy?

★─☆─★─☆─★─☆─★─☆─★─☆─★─☆─★─☆─★─☆─★─☆─★─☆─★─☆─★─☆─★

ワンポイント
2 (5)「日本車」→「日本で作られた車」と考える。
5 (4) lying は lie の現在分詞。

Step ③ 実力問題

時間	合格点	得点
40分	80点	点

解答▶別冊 24 ページ

1 次の各組の英文がほぼ同じ意味になるように，＿＿＿に適切な語を入れなさい。(12点)

(1) Tom didn't have any food yesterday.　　　　　〔日本大学高〕

= Tom had ＿＿＿＿＿＿ ＿＿＿＿＿＿ eat yesterday.

(2) My brother took pictures in Hokkaido.　This is one of them.

= This is a picture ＿＿＿＿＿＿ ＿＿＿＿＿＿ my brother in Hokkaido.

(3) The boy lay on the grass.　They spoke to him.　　　〔実践学園高〕

= They spoke to the boy ＿＿＿＿＿＿ ＿＿＿＿＿＿ the grass.

重要 ② 次の日本文に合うように，（　　）内の語句を並べかえなさい。(25点)

(1) 彼女が 1 日でこの本を読むのは難しかったです。　　　〔沖縄―改〕

It was (read, for, this book, difficult, her, to) in one day.

It was ＿＿＿＿＿＿＿＿＿＿＿＿ in one day.

(2) 彼は切手を買うために郵便局へ行きました。　　　〔実践学園高―改〕

He went to the (office, stamps, buy, some, to, post).

He went to the ＿＿＿＿＿＿＿＿＿＿＿＿ .

(3) 誰があなたの遠足の準備を手伝ったのですか。

Who (you, for, helped, the school trip, prepare)?

Who ＿＿＿＿＿＿＿＿＿＿＿＿ ?

(4) あそこで本を読んでいる生徒はメアリーです。　　　〔実践学園高〕

(a, book, is, Mary, reading, student, the, over there).

＿＿＿＿＿＿＿＿＿＿＿＿

(5) 警察はその壊れた窓を通って部屋に入りました。　　　〔法政大第二高―改〕

(went into, window, the room, through, broken, the police, the).

＿＿＿＿＿＿＿＿＿＿＿＿

3 次の日本文を英語にしなさい。(20点)

(1) そのお店は特別な砂糖で作ったケーキで人気があるんだよ。　　　〔久留米大附設高―改〕

＿＿＿＿＿＿＿＿＿＿＿＿

(2) 先生は私たちに，毎日日記をつけるように言いました。　　　〔ラ・サール高―改〕

＿＿＿＿＿＿＿＿＿＿＿＿

4 次の英文を読んで，あとの問いに答えなさい。(43点)　　　　　　　　　　　〔新潟－改〕

　　Aya is a junior high school student. Now she is talking with Mr. White, an ALT at her school.

Mr. White : I read an (　a　) article in the newspaper.

　　Aya : What did it say?

Mr. White : Well, it was an article ①(a,　built,　hot,　buildings,　about,　in,　country) and Japanese origami art.　The art is (　A　) in the buildings.　Have you read the article?

　　Aya : No, I haven't.

Mr. White : In hot countries, light and heat are big problems.　So people use Japanese origami art to create (　b　) panels over the windows of the buildings.

　　Aya : Really?　What do the panels do?

Mr. White : Well, there are a lot of panels over the windows of the buildings.　They can control the light and heat from the sun.　When the light is very strong, they are opened like umbrellas and the buildings don't become hot.　When the light is not strong, they are folded and the buildings have enough light from the sun.

　　Aya : That is a wonderful way (　B　) origami art.

Mr. White : I think so, too.　Aya, can you make origami?

　　Aya : Of course, I can.　I like making origami.　②<u>When I was a child, my grandmother taught me how to do it.</u>　I made many origami objects with my brother.　I did it better than he.

Mr. White : I have never done it, but I am (　c　) in it.

注　ALT「外国語指導助手」　article「記事」　art「技術」　light「光」　heat「熱」　create「作る」
　　panel「パネル，板」　control「制御する」　fold「たたむ」　object「もの」

(1) 文中の(　a　)～(　c　)に，interest を適切な形に直して入れなさい。(15点)

　　a ------------------------　b ------------------------　c ------------------------

(2) ①の(　　)内の語を，意味の通る文になるように並べかえなさい。(10点)

----

(3) 文中の(　A　)，(　B　)に，use を適切な形に直して入れなさい。ただし，2語になることもあります。
　　　　　　　　　　　　　　　　　　　　　　　　　　　　　　　　　　　　　　(10点)

　　A ------------------------------　B ------------------------------

(4) 下線部②を日本語にしなさい。(8点)

　　(　　　　　　　　　　　　　　　　　　　　　　　　　　　　　　　　　　　　)

🔤語句　grass「芝生」　stamp「切手」　keep a diary「日記をつける」

10 関係代名詞（主格・目的格）

🎯 重要点をつかもう

1 He is the man **who** invented the telephone. （ポイント❶）

（彼は**電話を発明した**人です。）

2 Kyoto is a city **which** Jim wants to visit. （ポイント❷）

（京都は**ジムが訪れたい都市**です。）

3 Ann is a girl **that** I like very much. （ポイント❸）

（アンは**私が大好きな女の子**です。）

ポイント❶ 関係代名詞（主格）の構造

He is the man.　+　He invented the telephone.

⬇ 主語のはたらきをする→「主格」の関係代名詞を使う

He is the man **who** invented the telephone.

the man を who ～＝「電話を発明した」が修飾　※ who は訳さない

修飾される名詞は関係代名詞の前にあるので**先行詞**という。主格の関係代名詞では**先行詞が「人」の場合は who〔that〕**，**「ものや動物」の場合は which〔that〕**を使う。

ポイント❷ 関係代名詞（目的格）の構造

Kyoto is a city.　+　Jim wants to visit it.

⬇

Kyoto is a city **which** Jim wants to visit.

a city を which ～＝「ジムが訪れたい」が修飾　※ which は訳さない

ポイント❸ 目的格の関係代名詞は，**先行詞が「人」の場合は that**，**「ものや動物」の場合は which〔that〕**を使う。

Step 1 基本問題

解答▶別冊 25 ページ

1 ［関係代名詞（主格）］次の英文の（　　）内から適切な語を選んで○で囲みなさい。

(1) I know a girl (who, which) can speak English.

(2) These are the books (who, which) are popular in Japan.

(3) John has a son (who, which) goes to college.

(4) The cat (who, which) is sleeping on the sofa is mine.

(5) Is this a train (who, that) goes to Fukuoka?

(6) I know the boys who (is, are, was) walking on the street.

🔍 語句　college「大学」　sofa「ソファ」　street「道路」

Guide

🔍 **関係代名詞（主格）**

▶関係代名詞に続く部分で，その関係代名詞が主語のはたらきをするので，「主格」の関係代名詞という。

🎓 **関係代名詞の直後の動詞**

▶**1**(6) 先行詞が複数なので，それに対応する be 動詞を使う。

2 ［関係代名詞（目的格）］次の英文の＿＿に適切な関係代名詞を入れなさい。

(1) This is the picture ＿＿＿＿ I painted yesterday.

(2) He is a doctor ＿＿＿＿ we know well.

(3) The boy ＿＿＿＿ I taught English was Ken.

(4) Is this the dog ＿＿＿＿ he likes very much?

(5) The books ＿＿＿＿ she wrote are interesting.

(6) Is that the man ＿＿＿＿ you saw at the library?

3 ［関係代名詞の語順］次の日本文に合うように，（　）内の語句を並べかえなさい。

(1) あそこが先月，開店した店です。

That is (which, a store, opened) last month.

That is ＿＿＿＿＿＿＿＿＿＿ last month.

(2) ボブは，私の学校で勉強している男の子です。

Bob is (studies, who, a boy) at my school.

Bob is ＿＿＿＿＿＿＿＿＿＿ at my school.

(3) 絵美が着ているセーターはすてきに見えます。

The sweater (Emi, is wearing, which) looks nice.

The sweater ＿＿＿＿＿＿＿＿＿＿ looks nice.

(4) あなたが会いたいと思っている男の人は誰ですか。

Who is (that, the man, you) want to see?

Who is ＿＿＿＿＿＿＿＿＿＿ want to see?

🗨 語句　sweater「セーター」

4 ［関係代名詞を含む文の意味］次の英文を日本語にしなさい。

(1) We want a dog which has long ears.

（　　　　　　　　　　　　　　　　　　）

(2) The girl who is reading a book is my sister.

（　　　　　　　　　　　　　　　　　　）

(3) The people that I invited to the party didn't come.

（　　　　　　　　　　　　　　　　　　）

(4) Tom showed us the pictures which he took in London.

（　　　　　　　　　　　　　　　　　　）

🗨 語句　invite「招く」　show A B「A に B を見せる」

確認 **関係代名詞（目的格）の使い分け**

・先行詞が「人」…that
・先行詞が「ものや動物」
　　　…which，that

くわしく **先行詞と関係代名詞の語順**

・主格の関係代名詞の場合
「先行詞＋関係代名詞＋動詞」
・目的格の関係代名詞の場合
「先行詞＋関係代名詞＋主語＋動詞」

参考 **先行詞**

▶先行詞は関係代名詞を含む語句によって限定されるものであるため，固有名詞などすでに特定されている名詞が先行詞になることは通常ない。

参考 **関係代名詞の文の訳し方**

▶関係代名詞を含む部分を先に訳し，それを先行詞と結びつける。
(1)「長い耳を持った」→「犬」
(2)「本を読んでいる」
　→「女の子」
(3)「私がパーティーに招いた」→「人々」
(4)「彼がロンドンで撮った」
　→「写真」

ひと休み **地獄耳**

▶うわさなどをすばやく聞きつけることを「地獄耳」というが，英語ではこれを big ears という。

Step **2** 標 準 問 題

解答▶別冊 25 ページ

1 次の日本文に合うように，＿＿＿に適切な語を入れなさい。(16点)

(1) 父の撮った写真はきれいです。

The pictures ＿＿＿＿＿＿ ＿＿＿＿＿＿ taken by my father are beautiful.

(2) 芝生の上で横になっている女の子が見えますか。

Can you see the ＿＿＿＿＿＿ ＿＿＿＿＿＿ ＿＿＿＿＿＿ lying on the grass?

(3) 駅で私が助けた女の人をあなたは知っているのですか。

Do you know the woman ＿＿＿＿＿＿ ＿＿＿＿＿＿ ＿＿＿＿＿＿ at the station?

(4) 通りであなたが見つけた白い猫は私たちのです。

The white cat ＿＿＿＿＿＿ ＿＿＿＿＿＿ ＿＿＿＿＿＿ on the street is ours.

2 次の2文を関係代名詞を用いて1文にしなさい。(15点)

(1) She lives in a big house.　It has a beautiful garden.

＿＿＿＿＿＿＿＿＿＿＿＿＿＿＿＿＿＿＿＿＿＿＿＿＿＿＿＿＿＿＿＿＿＿＿

(2) The game was very exciting.　We watched it at the stadium.

＿＿＿＿＿＿＿＿＿＿＿＿＿＿＿＿＿＿＿＿＿＿＿＿＿＿＿＿＿＿＿＿＿＿＿

(3) The girl is Mary.　She is helping her teacher.

＿＿＿＿＿＿＿＿＿＿＿＿＿＿＿＿＿＿＿＿＿＿＿＿＿＿＿＿＿＿＿＿＿＿＿

3 次の日本文に合うように，(　　)内の語句を並べかえなさい。(15点)

(1) 私があなたから借りた辞書はとても役に立ちます。

The (from, which, you, borrowed, dictionary, I) is very useful.

The ＿＿＿＿＿＿＿＿＿＿＿＿＿＿＿＿＿＿＿＿＿＿＿ is very useful.

(2) 彼女はよく，昨年建てられた図書館に行きます。

She often goes to (last, the library, was, which, built, year).

She often goes to ＿＿＿＿＿＿＿＿＿＿＿＿＿＿＿＿＿＿＿＿＿＿.

(3) 向こうに見える背の高い人は有名な映画スターです。

The tall (can, you, over, see, that, there, man) is a famous movie star.

The tall ＿＿＿＿＿＿＿＿＿＿＿＿＿＿＿＿＿＿＿＿ is a famous movie star.

語句　borrow「借りる」　useful「役に立つ」　movie star「映画スター」

4 次の各組の英文がほぼ同じ意味になるように，_____に適切な語を入れなさい。(15点)

(1) The meals made by my grandmother were very nice.

= The meals _____ my grandmother _____ were very nice.

(2) Tomoko is a girl with brown eyes.

= Tomoko is a girl _____ brown eyes.

(3) I read a book yesterday. It is popular in Japan.

= The book _____ I _____ yesterday is popular in Japan.

🎮 語句　meal「食事」　brown「茶色の」

重要
😮 **5** 次の英文を日本語にしなさい。(12点)

(1) The man who lives in this big house is Mr. Brown.

(　　　　　　　　　　　　　　　　　　　　　　　　　　　　)

(2) He is a boy that I have known for 10 years.

(　　　　　　　　　　　　　　　　　　　　　　　　　　　　)

(3) I have lost the bag which my aunt gave me last week.

(　　　　　　　　　　　　　　　　　　　　　　　　　　　　)

6 次の英文の_____に適切な語を入れなさい。(15点)

(1) A _____ is a person who teaches at school.

(2) _____ is the season which comes before spring.

(3) A _____ is the room which is used for cooking.

(4) A _____ is a book which tells the meanings of words.

(5) A _____ is a person who plays music.

🎮 語句　meaning「意味」

記述式
✏️ **7** 右の絵に合うように，関係代名詞を使って，次の英文を完成しなさい。(12点)

(1) The boy _____
_____ is Ken.

(2) The girl _____
_____ is Miki.

🎮 語句　bench「ベンチ」

Miki

Ken

ワンポイント
1 主格か目的格か，および先行詞が「人」か「ものや動物」かによって関係代名詞を選ぶ。
6 関係代名詞以下の内容が_____にあてはまる名詞について説明している。

1・2年の復習
第1章
第2章
第3章
第4章
第5章
第6章
第7章
総仕上げテスト

いろいろな関係代名詞

重要点をつかもう

1 Look at the boy and the dog **that** are walking there. 〈ポイント❶〉

（そこを歩いている男の子と犬を見なさい。）

2 He is the first man **that** made the telephone. 〈ポイント❷〉

（彼は電話を作った最初の人です。）

3 The picture (**that**〔**which**〕) Kumi painted is beautiful. 〈ポイント❸〉

（久美が描いた絵はきれいです。）

〈ポイント❶〉 **関係代名詞 that**…関係代名詞の that は主格でも目的格でも使われる。また，先行詞が人の場合にも，ものや動物の場合にも使うことができる。先行詞が**「人」と「ものや動物」の両方を含む場合**には，ふつう **that** を使う。

〈ポイント❷〉 先行詞に，**序数詞**や**最上級**，**the only** などがついているときには that が使われることが多い。

〈ポイント❸〉 **接触節**…**名詞（句）の直後に主語と動詞を続ける**ことで，前にある名詞（句）を修飾する。これを目的格の関係代名詞が省略されたものと考えてもよい。なお，**主格の関係代名詞は省略できない。**

Step 1 基本問題

解答▶別冊 27 ページ

1 ［主格と目的格の that］次の英文を日本語にしなさい。

(1) Did you see the cat and the woman that went into the store?

（　　　　　　　　　　　　　　　　　　　　　　　　　　　）

(2) You are the only friend that I can trust.

（　　　　　　　　　　　　　　　　　　　　　　　　　　　）

(3) The biggest city that my father has ever visited is London.

（　　　　　　　　　　　　　　　　　　　　　　　　　　　）

(4) This is the first novel that the famous writer wrote.

（　　　　　　　　　　　　　　　　　　　　　　　　　　　）

Guide

確認 関係代名詞の that を使う場合

▶(1)のように先行詞が「人」と「動物」の両方である場合は，ふつう that を使う。

▶(2)〜(4)のように，先行詞が形容詞の最上級や序数詞，the only などの語句で修飾されているときは，that を使うことが多いが，絶対のルールではなく，(3)と(4)はthat の代わりに which を使うこともできる。

🟡 **語句** only「唯一の」 trust「信頼する」 London「ロンドン」 novel「小説」

2 ［関係代名詞の省略］次の英文の下線部の関係代名詞を省略できるものには○を，できないものには×を書きなさい。

(1) She is the woman <u>who</u> helped me. 　　　　　（　　　）

(2) The dog <u>that</u> Miki is walking is cute. 　　　　（　　　）

(3) He has a brother <u>who</u> is a doctor. 　　　　　（　　　）

(4) Is this the bag <u>which</u> you lost? 　　　　　　（　　　）

(5) The man <u>who</u> is standing over there is our teacher. （　　　）

(6) The movie <u>which</u> we saw yesterday was exciting. （　　　）

(7) This is the bike <u>that</u> my grandmother gave me. （　　　）

🗨 語句　walk「～を散歩させる」

3 ［接触節による2文連結］次の2文を関係代名詞を使わずに1文にしなさい。

(1) This is the CD. Ken bought it yesterday.

- -

(2) The cake was delicious. My aunt made it.

- -

(3) There are some pictures. I took them in the park.

- -

(4) The boy lives near my house. Mika likes him.

- -

🗨 語句　delicious「おいしい」

4 ［接触節］次の日本文に合うように，（　　）内の語句を並べかえなさい。

(1) これはトムがずっとほしがっている時計です。

This is (Tom, wanted, the watch, has).

This is _____ .

(2) 彼らが話す言語はスペイン語です。

(they, Spanish, the language, is, speak).

- -

(3) 私ができることは何でもします。

I'll do (I, do, anything, can).

I'll do _____ .

🗨 語句　anything「（肯定文で）何でも」

関係代名詞の省略

▶目的格の関係代名詞はしばしば省略される。省略された場合，「名詞（先行詞）＋名詞（主語）＋動詞」のように名詞が並んでいるところを見つけるとよい。

接触節

▶「名詞」のあとに関係代名詞を使わず，直接「主語＋動詞」を続ける。「名詞＋主語＋動詞」の語順になる。これは「先行詞＋関係代名詞＋主語＋動詞」の関係代名詞が省略された形とも考えられる。

世界の英語

▶英語は，イギリス，アメリカはもちろん，オーストラリア，カナダ，ニュージーランドなど世界中で話されている。その一方で，使われている国や地域によって，英語の語彙や発音に違いが見られる。例えば，シンガポールでは，中国語やマレー語に影響を受けた英語が使われ，「シングリッシュ」と呼ばれることもある。

1・2年の復習
第1章
第2章
第3章
第4章
第5章
第6章
第7章
総仕上げテスト

Step ② 標準問題

解答▶別冊 27 ページ

1 日本文に合う英文になるように，_____ に適する語を書きなさい。(16点)

(1) 彼は私たちが知っている最も親切な人物です。

He is the kindest person _____ _____ know.

(2) あなたは公園で遊んでいる犬と男性を知っていますか。

Do you know the dog and the man _____ _____ playing in the park?

(3) ここには私が食べたいと思うものは何もありません。

There isn't anything _____ _____ want to eat here.

(4) 彼女はアメリカに行った最初の日本人女性でした。

She was the first Japanese woman _____ _____ to America.

2 次の英文中の適する位置に，省略されている関係代名詞を補って，全文を書きなさい。(16点)

(1) This is a shirt my mother made.

(2) Please show me some pictures you took in Okinawa.

(3) The people we met there were very kind to us.

(4) I like the cat Mami has.

3 次の各組の英文がほぼ同じ意味になるように，_____ に適する語を書きなさい。(16点)

(1) He is a boy. We call him Ken.

= He is a boy _____ _____ Ken.

(2) The book was interesting. I read it yesterday.

= The book _____ _____ yesterday was interesting.

(3) The man is our teacher. We saw him in front of the shop.

= The man _____ _____ in front of the shop is our teacher.

(4) That's the song that they sang for us.

= That's the song _____ _____ for us.

語句　shop「店」　sang「sing の過去形」

1・2年の復習

第1章

第2章

第3章

第4章

第5章

第6章

第7章

総仕上げテスト

4 次の2文を関係代名詞を用いて1文にしなさい。ただし，省略できる関係代名詞は省略しなさい。(20点)

(1) Ken is a boy. Everyone likes him.

....

(2) The man teaches us music. He is standing over there.

....

(3) The library was large. We visited it yesterday.

....

(4) These are the pictures. I drew them last year.

....

🗨 語句　drew「drawの過去形」

5 次の日本文に合うように，(　　)内の語句を並べかえなさい。(20点)

(1) あなたは彼に会いさえすればよい。

　(have, all, do, to, you) is to see him.

.... is to see him.

(2) これは私の父が使うコンピュータです。

　This (my father, is, the computer, uses).

　This ....

(3) あなたたちが参加したそのお祭りは楽しかったですか。

　Was (you, the festival, joined, that) fun?

　Was .... fun?

(4) 私はマリによって英語で書かれた電子メールを受け取りました。

　I received (Mari, written, that, an e-mail, by, was) in English.

　I received .... in English.

記述式 **6** 次のそれぞれの単語について，英語で説明する文を作ります。_____に適切な語句を入れて英文を完成しなさい。(12点)

(1) pen：It is a thing .... when you want to write something.

(2) breakfast：It is a meal .... in the morning.

★-☆-★-☆-★-☆-★-☆-★-☆-★-☆-★-☆-★-☆-★-☆-★-☆-★-☆-★-☆-★-☆-★-☆-★

ワンポイント

1 (3) anything のあとでは関係代名詞はふつう that を用いる。

5 (1) 「あなたがしなければならないすべては彼に会うことです。」と考える。

12 仮 定 法

重要点をつかもう

1 **If I had** a lot of money, I **would** travel around the world. **ポイント①**

（**もし**私にたくさんのお金が**あったら**，世界中を旅行する**のに**。）

2 **I wish** I **were** taller. **ポイント②**

（もっと背が高かったらいいのに。）

ポイント① **仮定法**…現実とは異なること，現実に起こる可能性の少ないことを仮定して表す。

仮定法過去「もし〜なら，…だろう／…のに」

〈If＋主語＋動詞の過去形 , 主語＋助動詞の過去形＋動詞の原形〜.〉

現在のことでも，動詞は過去形にする。be 動詞は原則 **were** を使う（ただし口語では was を使うこともある）。助動詞は主に **would** または **could** となる。

現実とは異なる仮定なので，上の例文 **1** は，次の文とほぼ同じ内容を表していることになる。

As **I don't have** a lot of money, I **won't** travel around the world.

（私にはたくさんのお金が**ない**ので，世界中を旅行**しない**。）

ポイント② **I wish＋仮定法過去**…wish に仮定法の節（主語＋動詞）を続けて，現実に反する願望や実現が困難な願望を表す。wish に続く節の中では過去形の動詞・助動詞を用いる。

Step 1 基本問題

解答▶別冊 28 ページ

1 [仮定法過去] 次の英文の（　　）にあてはまる最も適切な語句を選び，記号で答えなさい。

(1) If it （　　　　） sunny, we would go hiking.

ア is　　イ are　　ウ were

(2) If I （　　　　） his e-mail address, I could send him an e-mail.

ア know　　イ knew　　ウ knowing

(3) If I had a brother, I （　　　　） not be lonely.

ア will　　イ would　　ウ did

(4) If she （　　　　） movies, I would give her this DVD.

ア liked　　イ likes　　ウ would like

(5) If he （　　　　） young, he could climb the mountain again.

ア is　　イ would be　　ウ were

語句　lonely「さびしい」

Guide

 助動詞の形

▶ if のついていない主節の部分は助動詞の過去形を使う。

would…「〜だろう」という意味を表し，広く使われる。

could…「〜できる」という可能の意味を込める場合に使われる。

be 動詞の過去形は were

▶主語が I, he, she などでも be 動詞は原則 were を使う。

If I **were** a bird, I could fly away.

（もし私が鳥だったら，飛んでいけるのに）

2 ［I wish＋仮定法］次の日本文に合うように，＿＿＿＿に適切な語を入れなさい。

(1) スマートフォンを持っていたらいいのに。

I wish I ＿＿＿＿＿＿＿ a smartphone.

(2) 彼がここにいればいいのに。

I wish he ＿＿＿＿＿＿＿ here.

(3) あなたが私の家の近くに住んでいればいいのに。

I wish you ＿＿＿＿＿＿＿ near my house.

(4) もっと速く走れたらいいのに。

I wish I ＿＿＿＿＿＿＿ ＿＿＿＿＿＿＿ faster.

3 ［ていねいな表現］次の日本文に合うように，英文の（　　）内から適切な語を選んで○で囲みなさい。

(1) 窓を開けていただけませんか。

(Do, Would) you open the window?

(2) オレンジジュースはいかがですか。

(Would, Do) you like some orange juice?

(3) 私に助言をいただけませんか。

(Did, Could) you give me some advice?

(4) ここにすわるのはいかがですか。

(Would, Do) you like to sit here?

4 ［仮定法過去］次の日本文に合うように，＿＿＿＿に適切な語を入れなさい。

(1) ① もし時間があれば，私は母を手伝います。

If I have time, I ＿＿＿＿＿＿＿ ＿＿＿＿＿＿＿ my mother.

② もし時間があれば，私は母を手伝うのに。

If I had time, I ＿＿＿＿＿＿＿ ＿＿＿＿＿＿＿ my mother.

(2) ① あなたが来られるとよいと思います。

I hope you ＿＿＿＿＿＿＿ come.

② あなたが来られるといいのに。

I wish you ＿＿＿＿＿＿＿ come.

 確認 wish＋仮定法

▶ wish「〜を願う，祈(いの)る」に続く節の内容は，「〜ならいいのに」という実現できそうもない願望になる。そのため，wish のあとは必ず仮定法になる。これに対して，hope「〜を望む，願う，期待する」に続く節では現在形も使われる。

 くわしく ていねいな表現の would

▶ Will〔Can〕you 〜?「〜してくれませんか」という依頼表現で，Will〔Can〕の代わりに過去形のWould〔Could〕を使うと「〜していただけませんか」と，よりていねいな依頼の表現になる。これは，仮定法からきている慣用表現で，「もし可能ならば…」という仮定が暗に込められていると考えるとよい。このようなていねいな表現には，ほかに次のようなものがある。

・I would like〔love〕to 〜.
「〜したいです」

・Would you like 〜?
「〜はいかがですか」

・Would you like to 〜?
「〜するのはいかがですか」

 注意 直説法

▶現実のことを表す形を，仮定法に対して直説法という。if を使った文でも，実現する可能性がある場合は，直説法になり，表したい内容と同じ時制の動詞や助動詞を使う。

Step 2 標準問題

1 次の英文の（　　）内の語を適切な形に直しなさい。(16 点)

(1) If I (am) rich, I could buy you anything you want.
　　　　　　　　　　　　　　　　　　　　　　　　　----------------

(2) I wish I (can) talk with my cat.
　　　　　　　　　　　　　　　　　　　　　　　　　----------------

(3) If you (come) earlier, you could see the show.
　　　　　　　　　　　　　　　　　　　　　　　　　----------------

(4) What would you do if you (meet) aliens?

　語句　alien「宇宙人」

2 次の日本文に合うように，＿＿＿に適切な語を入れなさい。(16 点)

(1) もしトムが忙しくなければ，私たちを助けてくれるだろうに。

　　Tom would help us ＿＿＿＿＿ he ＿＿＿＿＿ busy.

(2) その本を私に貸していただけませんか。

　　＿＿＿＿＿ ＿＿＿＿＿ lend me the book?

(3) 彼の電話番号を知っていたらいいのに。

　　I ＿＿＿＿＿ I ＿＿＿＿＿ his phone number.

(4) あなたが会いに来てくれたら，私はうれしいのに。

　　If you came to see me, I ＿＿＿＿＿ ＿＿＿＿＿ happy.

　語句　lend「（人に〜を）貸す」

3 次の日本文に合うように，（　　）内の語句や符号を並べかえなさい。(20 点)

(1) 私があなたなら，それをしないだろう。

　　(do / not / were / you / would / if / I / I / ,) that.

　　--- that.

(2) 新しいコンピュータを持っていたらいいのに。

　　I (new / a / I / computer / had / wish).

　　I --- .

(3) もしあなたが総理大臣だったら，どうしますか。

　　(do / you / if / would / you / what / were) the prime minister?

　　--- the prime minister?

(4) もし水がなかったら，どの生き物も生きられないだろう。

　　If (were / no water / no creature / there / could / live / ,).

　　If --- .

　語句　the prime minister「総理大臣」　creature「生き物」

1・2年の復習

第1章

第2章

第3章

第4章

第5章

第6章

第7章

総仕上げテスト

4 次の英文を日本語にしなさい。(20点)

(1) I wish I had more time.

( )

(2) Would you like to join the party?

( )

(3) If I were a fish, I would swim across the sea.

( )

(4) If your son studied harder, he could enter the university.

( )

(5) We would be happier if there weren't any war in the world.

( )

語句 enter「入学する」 university「大学」 war「戦争」

5 次の各組の英文がほぼ同じ意味になるように，＿＿に適切な語を入れなさい。(16点)

(1) As you don't know this song, we can't sing it together.

= If you knew this song, we ＿＿＿＿＿ ＿＿＿＿＿ it together.

(2) I'm not free now, so I don't go shopping with you.

= If I ＿＿＿＿＿ free now, I ＿＿＿＿＿ ＿＿＿＿＿ shopping with you.

(3) As it is raining, they have to stay at home.

= If it ＿＿＿＿＿ raining, they ＿＿＿＿＿ ＿＿＿＿＿ to stay at home.

(4) I'm sorry he isn't my teacher.

= I wish ＿＿＿＿＿ ＿＿＿＿＿ my teacher.

語句 as「〜ので」 so「だから」 I'm sorry 〜「〜を残念に思う」

6 次の日本文を，それぞれの場合にふさわしい英語にしなさい。(12点)

「明日晴れればいいなあ」

(1) 明日晴れる可能性が高い場合。

- -

(2) 明日雨になる可能性がかなり高い場合。

- -

ワンポイント

3 (4) there is〔are〕〜の文を仮定法過去にする。

5 (1)「〜を知らないので」を「〜を知っていたなら」という，事実と異なる仮定の文にする。

(4)「〜ことを残念に思う」を「〜ならいいのに」という，現実と反する願望の文にする。

Step 3 実力問題

時間	合格点	得点
40分	80点	点

【　　月　　日】

解答▶別冊 29 ページ

1 次の英文を日本語にしなさい。(20 点)

(1) I'm reading the book which Mark lent me yesterday.

(　　　　　　　　　　　　　　　　　　　　　　　　　)

(2) Mike was the only student that could answer the question.

(　　　　　　　　　　　　　　　　　　　　　　　　　)

(3) The woman you were talking with is our new teacher.

(　　　　　　　　　　　　　　　　　　　　　　　　　)

(4) If the water were cleaner, more fish would live in this river.

(　　　　　　　　　　　　　　　　　　　　　　　　　)

2 次の各組の英文がほぼ同じ意味になるように，_____に適切な語を入れなさい。(25 点)

(1) Is this the house built by your father?　〔関西学院高〕

= Is this the house ＿＿＿＿＿＿＿ your father ＿＿＿＿＿＿?

(2) San Francisco is the city which I visited first in America.　〔郁文館高〕

= San Francisco is the ＿＿＿＿＿＿ ＿＿＿＿＿＿ I visited in America.

(3) There are many pictures in this book.　〔青雲高〕

= This is a book ＿＿＿＿＿＿ ＿＿＿＿＿＿ a lot of pictures.

(4) Listen to the message Bob left on the answering machine.　〔広島大附属高〕

= Listen to the message ＿＿＿＿＿＿ ＿＿＿＿＿＿ Bob on the answering machine.

(5) As I don't have my glasses, I can't read this letter now.

= If I ＿＿＿＿＿＿ my glasses, I ＿＿＿＿＿＿＿＿＿ this letter now.

3 次の日本文に合うように，(　　)内の語句を並べかえなさい。(15 点)

(1) マンガ本がその図書館にあればいいのに。

I (library, were, comic books, wish, in, there, the).

I ＿＿＿＿＿＿＿＿＿＿＿＿＿＿＿＿＿＿＿＿＿.

(2) メアリーはお母さんに買ってもらった指輪をしている。(1 語不要)　〔駒込高〕

Mary is wearing (was, her, bought, ring, her mother, which, the).

Mary is wearing ＿＿＿＿＿＿＿＿＿＿＿＿＿＿＿＿.

(3) 彼らがユイと呼んでいるその女の子はとても人気がある。　〔郁文館高－改〕

(is, the, Yui, call, girl, they, very, that, popular).

＿＿＿＿＿＿＿＿＿＿＿＿＿＿＿＿＿＿＿＿＿＿

4 次の英文を読んであとの問いに答えなさい。(40点)　　　　　　　　　　　　〔新潟－改〕

It is very hard for us to do everything alone. ㋐(Help) each other makes our life richer and happier. Someone helps you, and you help other people. Is it difficult to do something for other people? No, ①it isn't. Everyone can do it. For example, when you see old people or people who look sick on a bus, you can give them your seat. When a woman (　ⓐ　) has many things in her hands wants to go into a room, you can open and close the door for her. If you are asked the way to a place you know, you can show the way.

There will be more old people in the future. There are some old people who live alone. What can you do for them? Now I will explain. You can write letters to them. They are glad to get letters from you. They are happy to know that there are some young people who think about them. You can learn something (　ⓑ　) you write letters to them. This is good for both old people and you.

Have you ever ㋑(hear) about a charity bazaar? ②You bring (don't, that, at, you, need, home, something) to the bazaar. People come to the bazaar to buy the things you bring, and use them. The money made by selling them is used for the people who need help. Like this, things (　ⓒ　) you don't need can help someone. Don't you think it is wonderful?

It is important for us to think about other people and to be kind to them. ③We must not forget that there is someone who needs our help. Let's begin to do something for other people.

注　make A B「A を B にする」　charity bazaar「チャリティー・バザー」

(1) 文中の㋐(Help)，㋑(hear)を適切な形に直しなさい。(10点)

㋐ .... 　㋑ ....

(2) 文中のⓐ～ⓒに，who，that，when を各1度ずつ入れて意味が通るようにしなさい。(9点)

ⓐ .... 　ⓑ .... 　ⓒ ....

(3) 文中の下線部①の内容を，it の内容がわかるように日本語で具体的に述べなさい。(7点)

(　　　　　　　　　　　　　　　　　　　　　　　　　　　　　　　　　　)

(4) 文中の下線部②の(　　)内の語を並べかえなさい。(7点)

You bring .... to the bazaar.

(5) 文中の下線部③を日本語にしなさい。(7点)

(　　　　　　　　　　　　　　　　　　　　　　　　　　　　　　　　　　)

語句　lent「lend(貸す)の過去形」　San Francisco「サンフランシスコ」　answering machine「留守番電話」　glasses「眼鏡」

13 文 の 種 類

重要点をつかもう

1 **No one** could solve the problem. 《ポイント①》
（だれもその問題を解決**できませんでした**。）

2 Tom likes fish, **doesn't he?** 《ポイント②》
（トムは魚が好きです**よね**。）

3 I don't know **where he lives**. 《ポイント③》
（彼が**どこに住んでいるか**私は知りません。）

《ポイント①》 **注意すべき否定表現**… no ～「１つも～ない」，few「(数が)ほとんど～ない」，
little「(量が)ほとんど～ない」，**not ～ , either**「…もまた～でない」 など

《ポイント②》 **付加疑問**…相手に相づちを打ったり，同意を求めたりする表現。

[肯定文] | Tom | likes fish, **doesn't** | **he** | ?
～, be 動詞，助動詞＋not の短縮形＋ 代名詞 の形

[否定文] | Yuki | isn't kind, | **is** | **she** | ? 「由紀は親切ではないですよね。」
～, be 動詞，助動詞の肯定文での形＋ 代名詞 の形

《ポイント③》 **間接疑問**…疑問文が別の文の一部になって「何を，どこで，いつ～するのか，なのか」
などと言うとき，疑問詞の後ろは平叙文(へいじょぶん)の語順になる。

I don't know ＋ | Where | does he live?

→ I don't know | where | **he lives**.
「知らない」 ＋ 「彼がどこに住んでいるのか」

Step 1 基本問題

解答▶別冊 31 ページ

1 [否定表現] 次の英文を日本語にしなさい。

(1) No one could answer the question.

( )

(2) There were few students in the library.

( )

(3) Emi has never been abroad. I've never, either.

( )

(4) I have nothing to say.

( )

Guide

確認 注意すべき否定表現

・no one「だれも～ない」
・few
　「(数が)ほとんど～ない」
・little
　「(量が)ほとんど～ない」
・not ～ , either
　「…もまた～でない」
・nothing「何も～ない」

2 [付加疑問] 次の英文の＿＿＿に適切な語を入れなさい。

(1) You like eggplants, ＿＿＿＿＿＿＿＿＿＿＿＿＿＿＿?

(2) Your aunt doesn't live here, ＿＿＿＿＿＿＿＿＿＿＿＿＿?

(3) This racket is yours, ＿＿＿＿＿＿＿＿＿＿＿＿＿＿＿?

(4) Bob can drive a car, ＿＿＿＿＿＿＿＿＿＿＿＿＿＿?

(5) Help me, ＿＿＿＿＿＿＿＿＿＿＿＿?

(6) Let's go fishing, ＿＿＿＿＿＿＿＿＿＿＿＿?

🟡 語句　eggplant「なす」

3 [間接疑問] 次の英文の（　）内から適切な語句を選んで○で囲みなさい。

(1) I don't know when (did he come, he came).

(2) Do you know where (my son is, is my son)?

(3) (Who do you think, Do you think who) he is?

4 [疑問詞 How] 次の英文の＿＿＿にあてはまる語を下から選びなさい。

(1) How ＿＿＿＿＿ is he?　—— He is fifteen.

(2) How ＿＿＿＿＿ is this car?　—— It's 1,000,000 yen.

(3) How ＿＿＿＿＿ have you been there?
　—— For two weeks.

(4) How ＿＿＿＿＿ is it from here to your school?
　—— It's about two miles.

(5) How ＿＿＿＿＿ languages are there in the world?
　—— There are about 4,000.

many	old	much	far	long

🟡 語句　mile「マイル（約 1.6 km）」

5 [感嘆文] 次の英文を日本語にしなさい。

(1) How big his house is !

（　　　　　　　　　　　　　　　　　　　　　　　　　　　）

(2) What a strange story this is !

（　　　　　　　　　　　　　　　　　　　　　　　　　　　）

🎓 **特殊な付加疑問**

▶命令文と Let's ～. の文には主語がない。これらの付加疑問は語尾につく表現が決まっている。
・命令文
　→ ～, will you?
・Let's ～. の文
　→ ～, shall we?

☕ **同じ食べもの？**

▶アメリカではなすのことを eggplant というが，イギリスでは主に aubergine という。このようにアメリカとイギリスで同じ食べものを異なる言葉で表すことはほかにもある。例えばポテトチップスはアメリカでは chips だがイギリスでは crisps だ。イギリスで chips というとフライドポテトが出てくることもあるので，旅行の際には気をつけよう。

🔍 **疑問詞 How を使った疑問文**

・How far
　「(距離)どのくらい」
・How long
　「(期間)どのくらい」
・How many「(数)いくつ」
・How much
　　「(値段)いくら」
・How old「何歳」

🎓 **感嘆文**

▶驚きや喜びなど強い感情を表す表現で，「なんて～な」という意味の文。
・How ＋形容詞(副詞)＋主語＋動詞～！
・What＋a(an)＋形容詞＋名詞＋主語＋動詞～！

Step 2 標準問題

解答▶別冊 31 ページ

1 次の英文の答えとして最も適切なものを下から選び，記号で答えなさい。(12点)

(1) How far is it from here to the station?　　　　　　　　　　(　　)

(2) How old will you be in 2030?　　　　　　　　　　　　　　(　　)

(3) How much is this sweater?　　　　　　　　　　　　　　　(　　)

(4) How many students does your school have?　　　　　　　(　　)

　　ア　It's about ten minutes' drive.　　イ　It's thirty dollars.

　　ウ　I'll be twenty-six years old.　　エ　About five hundred.

2 次の(　　)内の疑問文を与えられた文に続けて 1 文にするとき，全文を書きなさい。(16点)

(1) I want to know.　　(What does this letter say?)

----

(2) Do you know?　　(Who can run the fastest in the class?)

----

(3) Please tell me.　　(Why did you do such a thing?)

----

(4) Do you think?　　(Where did he buy the car?)

語句　say「(手紙などに)書いてある」

3 次の各組の英文がほぼ同じ意味になるように，＿＿に適切な語を入れなさい。(20点)

(1) I'll teach you the meaning of this word.

　　= I'll teach you ＿＿＿＿＿ this word ＿＿＿＿＿ .

(2) I want to ask you the name of this building.

　　= I want to ask you ＿＿＿＿＿ this building is ＿＿＿＿＿ .

(3) How well she can play the piano !

　　= ＿＿＿＿＿ a ＿＿＿＿＿ pianist she is !

(4) Did you know the number of the people invited to the party?

　　= Did you know how ＿＿＿＿＿ people ＿＿＿＿＿ invited to the party?

(5) No one knows his address.

　　= No one knows ＿＿＿＿＿ ＿＿＿＿＿ lives.

語句　address「住所」

4 次の日本文に合うように，（　　）内の語句を並べかえなさい。(15点)

(1) だれもその問題を解決できないでしょう。

(to, able, the problem, one, solve, no, be, will).

- -

(2) 駅まで歩いてどのくらいかかりますか。

(does, to, take, to the station, walk, how, it, long)?

- -

(3) 部屋の中にはほとんど生徒がいませんでした。

(the room, were, students, in, few, there).

- -

重要 **5** 次の日本文に合うように，＿＿に適切な語を入れなさい。(25点)

(1) あなたが次に何をするべきか私があなたに教えます。

I'll show ＿＿＿＿ ＿＿＿＿ you ＿＿＿＿ do next.

(2) なんて暑いのだろう。泳ぎに行かないか。

＿＿＿＿ hot！Let's go swimming, ＿＿＿＿ we?

(3) ジョンは野菜が嫌いです。ぼくも嫌いです。

John doesn't like vegetables．I ＿＿＿＿, ＿＿＿＿.

(4) マイクは納豆が食べられないのですよね。

Mike can't eat *natto*, ＿＿＿＿?

(5) 食べ物が何もありませんでした。

I had ＿＿＿＿ ＿＿＿＿ eat.

語句　vegetable「野菜」

記述式 **6** 次のような状況において，あなたはどのように言いますか。2つの文を完成しなさい。(12点)

【状況】 図書館で読みたい本が見つかりません。あなたは司書の先生にその本がどこにあるか
をたずねます。

(1)「その本がどこにあるのか教えてください」とたずねるとき。

Excuse me, please tell me ＿＿＿＿.

(2)「それはこの図書館の中にありますよね。」と確認するとき。

The book is in this library, ＿＿＿＿?

ワンポイント
1 ア ten minutes' drive「車で10分」
3 (2)「この建物は何と呼ばれているか」と考える。
6 (2) 付加疑問の表現。

14 文　型

重要点をつかもう

1 Jane **looks** tired. 〔ポイント❶〕

（ジェーンは疲れて見えます。）

2 My aunt **gave** me a dictionary. 〔ポイント❷〕

（おばが私に辞書をくれました。）

3 The news **made** us sad. 〔ポイント❸〕

（その知らせが私たちを悲しくさせました。→その知らせを聞いて私たちは悲しくなりました。）

文型…主語(S)，動詞(V)，目的語(O)，補語(C)を使った文の組み立て。動詞を基準に考える。
　　SV，SVO の文の他，次の 3 つの文型がある。

〔ポイント❶〕 **SVC の文**…**S ＝ C** の関係。

　become「～になる」，look「～に見える」，sound「～に聞こえる」などの動詞

〔ポイント❷〕 **SVOO の文**…「**～(＝1つ目の O)に…(＝2つ目の O)を－する**」の意味。

　give「あげる」，buy「買う」，show「見せる」，teach「教える」などの動詞

〔ポイント❸〕 **SVOC の文**…「**O を C に～する**」の意味。

　make「(～の状態に)する」，call「呼ぶ」，name「名づける」などの動詞

Step 1 基本問題

解答▶別冊 32 ページ

1 ［SVC の文］次の対話文の＿＿＿にあてはまる語を下から選び，必要があれば正しい形に直して入れなさい。直す必要がないときはそのまま入れなさい。

(1) *A :* I'm going to visit Australia this summer.

　B : That ＿＿＿＿＿ great !

(2) *A :* You ＿＿＿＿＿ very tired.

　B : Do I? I didn't sleep well last night.

(3) *A :* This *sukiyaki* ＿＿＿＿＿ good.

　B : I'm happy to hear that.

(4) *A :* I ＿＿＿＿＿ cold.

　B : You should wear a coat.

feel	look	sound	taste

Guide

 SVC の文の動詞

・look「～に見える」
・sound「～に聞こえる」
・taste「～の味がする」
・smell「～のにおいがする」
・feel「～に感じる」
・get，become「～になる」

get と become

▶ get と become は両方とも「～になる」という意味だが，get は一時的な状態を表す場合にのみ用いる。そのため get の後ろには名詞や永続的な状態を表す形容詞は置くことができない。

2 [SV，SVO の文] 次の日本文に合うように，_____に適切な語を入れなさい。

(1) 私たちは毎日勉強します。

We _____ every day.

(2) 私たちは英語を月曜日と金曜日に勉強します。

We _____ _____ on Mondays and Fridays.

(3) 私の弟は学校へ歩いていきます。

My brother _____ to school.

(4) 私の父は毎朝，私たちの犬を散歩させます。

My father _____ our _____ every morning.

3 [SVOO の文] 次の日本文に合うように，（　　）内の語句を並べかえなさい。

(1) 彼にお茶を1杯持ってきてもらえますか。

Would you (a cup, bring, of, him, tea)?

Would you _____?

(2) あなたに駅までの道を教えましょう。

I'll (the way, the station, to, you, tell).

I'll _____.

(3) おばは，私に新しい自転車を買ってくれました。

My aunt (me, a, bought, bike, new).

My aunt _____.

(4) 私に何か食べるものをいただけますか。

Could you (to, something, me, give, eat)?

Could you _____?

4 [SVOC の文] 次の英文を日本語にしなさい。

(1) Please call me Tom.

(　　　　　　　　　　　　　　　　　)

(2) My father named the horse Ben.

(　　　　　　　　　　　　　　　　　)

(3) You should keep your room clean.

(　　　　　　　　　　　　　　　　　)

(4) The news made him happy.

(　　　　　　　　　　　　　　　　　)

<わしく> **SV と SVO の文**

▶ SV の文は，「S は〜する」という，主語と動詞のみで成立する文。O や C を必要としない。
▶ SVO の文は，「O を〜する」という意味。SVC の文と異なり，S ＝ O とはならない。

<確認> **SVOO の文**

・bring A B
　「A に B を持ってくる」
・buy A B
　「A に B を買ってあげる」
・give A B
　　「A に B を与える」
・tell A B
　　「A に B を伝える」

<わしく> **SVOO の書きかえ**

▶ give A B や buy A B の文は to や for を使って書きかえることができる。
・give A B
　→ give B to A
　※ A に対して直接働きかけるときは to を使うことが多い。
・buy A B
　→ buy B for A
　※ A に対して間接的に働きかけるときは for を使うことが多い。

<確認> **SVOC の文**

SVOC の文では O ＝ C の関係が成立する。
・call A B「A を B と呼ぶ」
・keep A B
　　「A を B に保つ」
・make A B
　　「A を B にする」
・name A B
　　「A を B と名づける」

Step ② 標準問題

解答▶別冊 33 ページ

1 次の日本文に合うように，（　　）内から適切な語句を選んで○で囲みなさい。(20点)

(1) 彼らはとても幸せそうに見えます。

They (feel, look, become, sound) very happy.

(2) 私は友だちにお金を貸しました。

I (left, brought, lent, borrowed) my friend some money.

(3) その手紙で彼女はうれしくなりました。

The letter (became, called, made, looked) her happy.

(4) 私にコーヒーを1杯入れてもらえますか。

Will you make a cup of coffee (of me, for me, to me, me)?

(5) 私にそれをください。

Please give (me to it, it for me, it me, it to me).

🗨 語句　lent「lend（貸す）の過去形」

2 次の英文の（　　）内の語句を並べかえなさい。(16点)

(1) Don't (a letter, forget, send, to, Jane).

Don't _____ .

(2) He (us, songs, will, ten, sing) in the concert.

He _____ in the concert.

(3) The boys (watched, excited, looked, they, when) the soccer game.

The boys _____ the soccer game.

(4) My mother will (a good, for, me, cook, dinner) on my birthday.

My mother will _____ on my birthday.

3 次の英文を2種類の受け身形にしなさい。(12点)

(1) My aunt gave me the expensive watch.

I _____ _____ the expensive watch by my aunt.

The expensive watch was _____ _____ me by my aunt.

(2) She bought her son this dog.

Her son _____ _____ this dog by her.

This dog was _____ _____ her son by her.

4 次の日本文に合うように，＿＿に適切な語を入れなさい。(20点)

(1) ジェーンは赤いドレスを着ると美しく見えます。

Jane ＿＿＿＿＿ ＿＿＿＿＿ in a red dress.

(2) 試験で私たちは忙しかった。

The examination ＿＿＿＿＿ us ＿＿＿＿＿ .

(3) 駅まで歩いて 15 分かかります。

＿＿＿＿＿ ＿＿＿＿＿ fifteen minutes to walk to the station.

(4) あなたの英語は日ごとによくなっています。

Your English is ＿＿＿＿＿ ＿＿＿＿＿ day by day.

(5) このスープはとてもよい味がします。

This soup ＿＿＿＿＿ very good.

🍀 語句　examination「試験」　day by day「日ごとに」

重要 😲 **5** 次の各組の英文がほぼ同じ意味になるように，＿＿に適切な語を入れなさい。(20点)

(1) Ms. Yamamoto is our math teacher.

Ms. Yamamoto ＿＿＿＿＿ ＿＿＿＿＿ math.

(2) Don't tell me a lie.

Don't tell a lie ＿＿＿＿＿ .

(3) I became sad when I read the letter.

The letter ＿＿＿＿＿ ＿＿＿＿＿ sad.

(4) The Japanese name of this flower is "*himawari.*"

This flower ＿＿＿＿＿ ＿＿＿＿＿ "*himawari*" in Japanese.

🍀 語句　lie「嘘」

記述式 ✏ **6** 学校の授業で，「思い出に残る贈り物」について英語で説明することになりました。自分が贈られてうれしかったものについて次の(1)(2)の内容がわかる英文をそれぞれ 5 語以上の 1 文で書きなさい。(12点)

(1) (だれ)が(いつ) (何)を私にくれたのか。

(2) (それ)は私を(どんな気持ち)にしてくれるか。

(1) ＿＿＿＿＿＿＿＿＿＿＿＿＿＿＿＿＿＿＿＿＿＿＿＿＿＿＿

(2) ＿＿＿＿＿＿＿＿＿＿＿＿＿＿＿＿＿＿＿＿＿＿＿＿＿＿＿

★－★－★－★－★－★－★－★－★－★－★－★－★－★－★－★－★－★

ワンポイント

1 (5)目的語が 2 つとも代名詞の場合は，必ず〈give＋もの＋to＋人〉の語順になる。

4 (2)「試験が私たちを忙しくした」と考える。

Step ③ 実力問題

解答▶別冊 33 ページ

1 次の各組の英文がほぼ同じ意味になるように，_____に適切な語を入れなさい。(6点)

(1) Mr. Kobayashi was our teacher of English. 〔法政大二高〕

= Mr. Kobayashi _____ English to _____ .

(2) Do you know the time? 〔広島大附高〕

= Do you know what _____ is?

2 次の日本文に合うように，_____に適切な語を入れなさい。(15点)

(1) 友情ほど大切なものはない。 〔駿台甲府高〕

_____ is _____ important than friendship.

(2) 彼は母親からその話を聞いてうれしくなった。 〔城北高〕

The story told by his mother _____ him _____ .

(3) ご両親は昨晩，コンサートに行かれたのですね。 〔宮　崎〕

Your parents went to the concert last night, _____ ?

3 次の英文の(　　)内の語句を並べかえなさい。(20点)

(1) How (it, from, far, here, to, is) the station? 〔慶應義塾高−改〕

How _____ the station?

(2) The lady (sitting, me, the bench, to, on, spoke). 〔慶應義塾高−改〕

The lady _____ .

(3) Please tell (will, for, she, me, when, leave) Tokyo.

Please tell _____ Tokyo.

(4) I have (few, who, express, Japanese, met) their own opinions. 〔明治大付中野高−改〕

I have _____ their own opinions.

4 次の日本文を英語にしなさい。(12点)

(1) A : Would you like to have more salad?

B : No.　(何か飲み物がほしいです。)

A : Here's some orange juice. 〔北海道−改〕

(2) A : You're taking lessons in dancing, aren't you?

B : Oh, yes. I have two lessons every week. But why?

A : I love dancing, too.　(どこで習ったらいいか知りたくてね。) 〔筑波大附高〕

5 次の英文は，正夫がアメリカへ帰国したグリーン先生あてに書いた手紙です。これを読んであとの問いに答えなさい。(47点)

〔石川−改〕

How are you? Two months have passed since you left Kanazawa. Did you have a nice summer vacation? I hope you are enjoying your new job and still remember us. We all miss you here. You were so friendly to us that we really liked your class.

I will never forget your first English lesson. When some of the students laughed at my English, you got angry and said, "Why do you laugh at your friend? You must know each of you has a different way of speaking even when you speak Japanese. Masao, you speak good English. ①(everything, I, you, understood, said)." ②I was very happy to hear your words. They still encourage me when I try to speak English.

You often said to us, "English is my native language, but I don't always speak textbook English and I sometimes make mistakes. Do you think all the people in the United States speak in the same way?" This month we have a new teacher from Britain. His English (ⓐ)different from yours. ③Now I understand much better what you meant. People have different ways of speaking and thinking,(ⓑ)? I think all of us need to understand and share the differences with each other.

I hope you will have ④(to, to, back, a chance, come) Japan very soon. I'd like to see you again. Please keep in touch. Good-by for now.

注 laugh at ～「～を笑う」 encourage「勇気づける」 native language「母国語」 share「～を共有する」

(1) 文中の下線部①の( )内の語を並べかえなさい。(8点)

_____ .

(2) 文中の下線部②と同じ意味の英文を作りなさい。(8点)

Your words _____ very happy.

(3) 文中のⓐに入る適切な語を次のア～エから選び，記号で答えなさい。(7点)

ア becomes イ looks ウ gets エ sounds   ( )

(4) 文中の下線部③を日本語にしなさい。(8点)

( )

(5) 文中のⓑに適切な語を2語入れなさい。(8点)

(6) 文中の下線部④の( )内の語句を並べかえなさい。(8点)

_____ Japan very soon.

15 前 置 詞

 重要点をつかもう

1 How about meeting **at** the station **on** Sunday?　ポイント**1**
（日曜日に駅で会いましょうか。）

2 Ken is waiting **for** you **in front of** his house.　ポイント**2**
（健が家の前であなたを待っています。）

ポイント1 ①「時」を表す前置詞
- 「～に」= **at**（時刻），**on**（日付・曜日），**in**（月・年・季節）
- 「～まで」= **until**〔**till**〕（期間の継続），「～までに」= **by**（期限）
- 「～の間」= **for**（期間の長さ），**during**（特定の期間）　など

②「場所」を表す前置詞
- 「で，に」= **at**（比較的狭いところ・地点），**in**（比較的広いところ・広がりを感じるところ）
- 「～の間に〔で〕」= **between**（2つのものの間），**among**（3つ以上のものの間）　など

③そのほかの前置詞
「～について」= **about,**「～として」= **as,**「～で（交通手段），～によって（行為者）」= **by,**
「～の中へ」= **into,**「～と（いっしょに），～を持った」= **with,**「～なしで」= **without**　など

ポイント2 前置詞と結びついた表現
in front *of* ～「～の前に」，thanks *to* ～「～のおかげで」，because *of* ～「～のために」，
look *at* ～「～を見る」，wait *for* ～「～を待つ」，be different *from* ～「～と異なる」　など

Step **1** 基本問題

解答▶別冊34ページ

1 ［時を表す前置詞］次の英文の（　　）内から適切な語を選んで
○で囲みなさい。

(1) I get up (at, on) nine (on, in) Sunday.

(2) Columbus reached America (in, at) 1492.

(3) I go out (in, on) Friday morning.

(4) We often enjoy swimming (on, in) summer.

(5) Stop playing the piano (at, in) night.

(6) We stayed in Paris (for, during) the vacation.

(7) He's been in Canada (since, for) last week.

(8) Please wait here (until, by) five o'clock.

Guide

確認 「時」を表す前置詞

・*at* night「夜に」
・*in* the morning
　　　　〔afternoon〕
　　「午前中〔午後〕に」
・since
　「（過去のある時点）～以来」
・*in*＋時間
　　　「（現在から）～後」
・*from* A *to* B
　　　「AからBまで」

(9) We've studied English (for, during) three years.

(10) Finish the work (by, until) tomorrow.

(11) My father will be home (in, before) an hour.

(12) We go to school (from, between) Monday to Friday.

語句　Columbus「コロンブス(人名)」 reach「到達する」 Paris「パリ」

2 ［場所を表す前置詞］次の英文の_____にあてはまる語を下から選びなさい。

(1) The earth goes _____ the sun.

(2) Who's sitting _____ Ken and Emi?

(3) There is a picture _____ the wall.

(4) Do you study English _____ school?

around	at	between	on

3 ［さまざまな前置詞］次の日本文に合うように，_____に適切な語を入れなさい。

(1) 私は長い耳をした犬を飼っています。

I have a dog _____ long ears.

(2) この本はやさしい英語で書かれています。

This book is written _____ easy English.

(3) 彼は親切な医者として有名です。

He is famous _____ a kind doctor.

(4) その犬をこわがらないで。

Don't be afraid _____ the dog.

(5) 私は自分のかばんを探しています。

I'm looking _____ my bag.

(6) その部屋は生徒でいっぱいです。

The room is full _____ students.

(7) 私は駅の前で彼と出会いました。

I met him _____ front of the station.

語句　full「いっぱいの」

 さまざまな前置詞

▶「場所」を表す前置詞

・around「〜のまわりを〔に〕」

・between A and B
　「AとBの間に」

・by〔beside〕「〜のそばに」

・near「〜の近くに」

・on the wall「壁に」

・under「〜の下に」

▶そのほかの前置詞

・across「〜を横切って」

・along「〜に沿って」

・through「〜を通って」

▶前置詞と結びついた表現

・be afraid of 〜
　「〜をこわがる」

・look for 〜「〜を探す」

・be full of 〜
　「〜でいっぱいである」

・hear from 〜
　「〜から便り〔連絡〕がある」

・look forward to 〜
　「〜を楽しみに待つ」

 on

▶ on は本来「接触」を意味する。on the wall「壁に〔接触して〕」，on the ceiling「天井に〔接触して〕」などの表現にも on を使う。

 世界一長い駅名

▶ Llanfairpwllgwyngyllgogerychwyrndrobwllllantysiliogogogoch
　この文字の羅列が何かわかるだろうか。これはイギリスにある世界一長い1語の地名であり駅名だ。公式の略称は Llanfairpwllgwyngyll だがそれでも長いので，Llanfair(ランフェア)と呼ぶこともあるそうだ。

1・2年の復習
第1章
第2章
第3章
第4章
第5章
第6章
第7章
総仕上げテスト

Step ② 標準問題

時間 40分　合格点 80点　得点 点

解答▶別冊 35 ページ

1 次の日本文に合うように, ＿＿ に適切な語を入れなさい。(12点)

(1) 日曜日の 6 時に会いましょう。

Let's meet ＿＿＿＿＿＿ six ＿＿＿＿＿＿ Sunday.

(2) 私の両親は船で北海道に行きました。

My parents went ＿＿＿＿＿ Hokkaido ＿＿＿＿＿ ship.

(3) ジョンが描いた絵が壁にあります。

There is a picture painted ＿＿＿＿＿ John ＿＿＿＿＿ the wall.

(4) 私の家の前であなたを待ちます。

I'll wait ＿＿＿＿＿ you in front ＿＿＿＿＿ my house.

2 次の英文の( )内の語を並べかえなさい。(12点)

(1) He (our, to, baseball, belongs, team).

He ＿＿＿＿＿＿＿＿＿＿＿＿＿＿＿＿＿＿＿ .

(2) I have (him, not, since, from, heard) last year.

I have ＿＿＿＿＿＿＿＿＿＿＿＿＿＿＿＿ last year.

(3) I'm (to, looking, seeing, you, forward) again.

I'm ＿＿＿＿＿＿＿＿＿＿＿＿＿＿＿＿＿ again.

🔵 語句　belong「所属する」

3 次の英文の( )内にあてはまる最も適切な語を選び, 記号で答えなさい。(24点)

(1) This train runs ( ) Tokyo and Osaka.

　ア between　　イ by　　　ウ along　　エ among

(2) You must come home ( ) six o'clock this evening.

　ア by　　　　イ during　　ウ until　　エ till

(3) You'll find the park ( ) your right.

　ア at　　　　イ on　　　ウ with　　エ without

(4) My father will be back ( ) an hour or so.

　ア before　　イ during　　ウ in　　　エ by

(5) I saw him ( ) the first time in five years.

　ア at　　　　イ for　　　ウ in　　　エ during

(6) Thank you ( ) your nice present.

　ア of　　　　イ for　　　ウ with　　エ to

🔵 語句　～ or so「～くらい」

4 次の英文の（　　）に共通して入る語を書きなさい。(20点)

(1) All of us were surprised （　　　） the news.

　　We're going to move to Tokyo （　　　） the end of this month.　　- - - - - - - - - - - - -

(2) Will you help me （　　　） my homework?

　　What's the matter （　　　） your baby?　　- - - - - - - - - - - - -

(3) Your opinion is different （　　　） mine.

　　My uncle worked （　　　） morning till night.　　- - - - - - - - - - - - -

(4) I saw Ms. Green （　　　） my way to school.

　　We usually get up late （　　　） Sunday morning.　　- - - - - - - - - - - - -

🟡 語句　move to ～「～に引っ越す」　opinion「意見」

重要 🗣 **5** 次の各組の英文が同じ意味になるように，＿＿＿に適切な語を入れなさい。(20点)

(1) The girl who has blue eyes is from America.

　　The girl ＿＿＿＿＿＿ blue eyes is from America.

(2) He can play the piano very well.

　　He is very ＿＿＿＿＿ ＿＿＿＿＿ playing the piano.

(3) Let's play baseball after lunch.

　　How ＿＿＿＿＿ playing baseball after lunch?

(4) The old man has no one to look after him.

　　The old man has no one to ＿＿＿＿＿ care ＿＿＿＿＿ him.

🟡 語句　look after ～「～の世話をする」

記述式 ✏ **6** 次のような状況において，あなたはどのように言いますか。それぞれ５語以上の英文を書きなさい。(12点)

【状況】　あなたと弟は二人で家にいます。お父さんとお母さんは仕事に行っており，弟は友だちの家に遊びに行こうとしています。あなたは塾に行くために５時に家を出なければなりません。

(1) 弟に，５時までに家に帰るように言うとき。

- -

(2) 自分は５時までずっと家にいるつもりである，と言うとき。

- -

⭐-⭐

ワンポイント

■4 (3) 受け身形でよく使われる前置詞。
■5 (2) since は現在完了の継続用法でよく使われる。

16 接続詞

重要点をつかもう

1 It was **so** hot **that** I couldn't sleep. 〔ポイント❶〕
（とても暑かった**ので**眠れませんでした。）

2 Get up, **or** you'll be late. 〔ポイント❷〕
（起きなさい，そうしないと遅れますよ。）

3 I'm glad **that** you came to see me. 〔ポイント❸〕
（あなたが会いに来て**くれて**私は**うれしいです。**）

〔ポイント❶〕 **接続詞を使った慣用表現**…not only A but (also) B「**A だけでなく B も**」,
as soon as ～「～するとすぐに」, so ～ that ...「とても～なので…だ」 など
※ so ～ that ... は次のように言いかえることができる。
　　It was **so** hot **that** I **couldn't** sleep.
　= It was **too** hot for me **to** sleep. 「私には暑すぎて眠れませんでした。」

〔ポイント❷〕 **命令文＋, and / or ...** …「**～しなさい，そうすれば…／そうしないと…**」
Get up, **and** you'll be in time. = If you get up, you'll be in time. （＝起きれば間に合う）
Get up, **or** you'll be late. 　　= If you don't get up, you'll be late.
（＝起きないと間に合わない）

〔ポイント❸〕 **接続詞 that を使った表現**
〈be 動詞＋glad（＋**that**）＋主語＋動詞〉「～ことをうれしく思う」
〈tell＋人（＋**that**）＋主語＋動詞〉「～ことを人に伝える」

Step 1 基本問題

解答▶別冊 36 ページ

1 ［慣用的な接続詞の意味］次の日本文に合うように，_____ に適切な語を入れなさい。

(1) 私はオレンジだけでなく，りんごも好きです。
I like not only oranges _____ also apples.

(2) ここに到着したらすぐに私たちに会いにきてください。
Come to see us as _____ as you arrive.

(3) 彼は英語もフランス語も話すことができます。
He can speak _____ English and French.

(4) あなたは，勉強するか寝るかのどちらかにすべきです。
You should _____ study or go to bed.

Guide

確認 慣用的な接続詞

・not A but B「A でなく B」
・as soon as ～
　　　「～するとすぐに」
・both A and B
　　　「A と B の両方」
・either A or B
　　　「A か B のどちらか」
・A as well as B
　　　「B と同様に A も」
・as ～ as possible
・as ～ as ... can
　　　「できるかぎり～」

2 ［so 〜 that …］次の日本文に合うように，（　）内の語を並べかえなさい。

(1) とても寒いので外に出ませんでした。

It was (that, I, cold, so) didn't go out.

It was ＿＿＿＿＿＿＿＿＿＿＿＿ didn't go out.

(2) 彼はとても賢^{かしこ}いのでその問題が解けます。

He is (he, wise, so, that) can solve the question.

He is ＿＿＿＿＿＿＿＿＿＿＿ can solve the question.

🔊 語句　wise「賢い」

3 ［命令文＋and / or］次の英文の（　）内から適切な語を選んで○で囲みなさい。

(1) Hurry up, (and, or) you'll catch the train.

(2) Hurry up, (and, or) you will miss the train.

🔊 語句　hurry up「急ぐ」　miss「乗り遅れる」

4 ［接続詞の書きかえ］次の各組の英文がほぼ同じ意味になるように，＿＿に適切な語を入れなさい。

(1) Run faster, and you'll be in time.

＝ If ＿＿＿＿＿＿ ＿＿＿＿＿＿ faster, you'll be in time.

(2) He was so tired that he couldn't work.

＝ He was ＿＿＿＿＿ tired ＿＿＿＿＿ work.

🔊 語句　in time「間に合って」

5 ［接続詞 that を使った表現］次の英文を，意味のちがいがわかるように日本語にしなさい。

(1) I hope that he will pass the exam.

（　　　　　　　　　　　　　　　　　　　　）

(2) I'm sure that he will pass the exam.

（　　　　　　　　　　　　　　　　　　　　）

(3) I'm happy that he passed the exam.

（　　　　　　　　　　　　　　　　　　　　）

(4) I told her that he would pass the exam.

（　　　　　　　　　　　　　　　　　　　　）

🔊 語句　pass「合格する」　exam「試験」

 注意すべき表現

▶ so 〜 that …
so と that の間には形容詞か副詞が入り，「とても〜なので…だ」という意味になる。

▶命令文＋, and / or …
「〜しなさい，そうすれば／さもないと…」の意味を表す。書くときは，命令文と and / or の間をコンマ(,)で区切る。

 接続詞を用いた書きかえ

▶**4**はそれぞれ，以下の意味の表現に書きかえることができる。
(1)「もし〜すれば」
(2)「〜すぎて…できない」

 接続詞 that

次の表現は覚えておきたい。
・be sure (that) 〜
　　　　「きっと〜だと思う」
・be happy[glad] (that) 〜
　　　　「〜をうれしく思う」
・be sad (that) 〜
　　　　「〜を悲しく思う」
・be afraid (that) 〜
　　　　「残念ながら〜だと思う，〜を心配している」
・be sorry (that) 〜
　　　　「〜を残念に思う」
・tell＋人 (＋that) 〜
　　　　「人に〜だと言う[伝える]」

Step **2** 標準問題

解答▶別冊 36 ページ

1 次の英文の（　　）にあてはまる最も適切な語を選び，記号で答えなさい。(20点)

(1) My brother will study （　　　） economics or law at college.

　　ア　either　　イ　not　　ウ　only　　エ　both

(2) （　　　） soccer and baseball are popular in Japan.

　　ア　As　　イ　Both　　ウ　Well　　エ　Either

(3) I want to live not in America （　　　） in Canada.

　　ア　only　　イ　also　　ウ　but　　エ　well

(4) They were （　　　） busy that they couldn't help me.

　　ア　too　　イ　enough　　ウ　so　　エ　such

(5) Tom ran as fast as （　　　）.

　　ア　could　　イ　possible　　ウ　also　　エ　well

語句　economics「経済学」　law「法律」

2 次の日本文に合うように，＿＿＿に適切な語を入れなさい。(16点)

(1) トムはすき焼きと同様にすしも好きです。

　　Tom likes sushi ＿＿＿＿＿＿＿ ＿＿＿＿＿＿＿ ＿＿＿＿＿＿ *sukiyaki*.

(2) 残念ながらあなたは間違っていると思います。

　　I'm ＿＿＿＿＿＿ ＿＿＿＿＿＿ you are wrong.

(3) タクシーに乗りなさい，そうすれば8時20分のバスに間に合うでしょう。

　　＿＿＿＿＿＿ a taxi, ＿＿＿＿＿＿ you'll catch the 8:20 bus.

(4) 彼はできるかぎりたくさん本を読みました。

　　He read as ＿＿＿＿＿＿ ＿＿＿＿＿＿ as ＿＿＿＿＿＿ could.

語句　taxi「タクシー」

3 次の英文の（　　）内の語を並べかえなさい。(16点)

(1) Fred comes to school (by, not, but, bike, by) bus.

　　Fred comes to school ＿＿＿＿＿＿＿＿＿＿＿＿＿＿＿＿＿＿＿＿＿＿ bus.

(2) (you, that, I'm, liked, glad) my present.

　　＿＿＿＿＿＿＿＿＿＿＿＿＿＿＿＿＿＿＿＿＿＿＿＿＿＿ my present.

(3) My mother was (tired, she, that, so) couldn't cook dinner.

　　My mother was ＿＿＿＿＿＿＿＿＿＿＿＿＿＿＿＿＿＿ couldn't cook dinner.

(4) I'll help you (soon, as, I, as) finish the work.

　　I'll help you ＿＿＿＿＿＿＿＿＿＿＿＿＿＿＿＿＿＿＿ finish the work.

4 次の英文を日本語にしなさい。(16点)

(1) Your story is so interesting that I'll never forget it.

(　　　　　　　　　　　　　　　　　　　　　　　　　　　　　　　　　)

(2) Both my sister and I were surprised to hear the news.

(　　　　　　　　　　　　　　　　　　　　　　　　　　　　　　　　　)

(3) As soon as I come home, I take a walk with my dog.

(　　　　　　　　　　　　　　　　　　　　　　　　　　　　　　　　　)

(4) Get up at once, or you'll be late for school.

(　　　　　　　　　　　　　　　　　　　　　　　　　　　　　　　　　)

🍂 語句　take a walk「散歩する」

重要 **5** 次の各組の英文がほぼ同じ意味になるように，＿＿に適切な語を入れなさい。(20点)

(1) Work hard, and you will succeed.

= ＿＿＿＿＿ ＿＿＿＿＿ ＿＿＿＿＿ hard, you will succeed.

(2) Mr. Brown plays tennis as well as soccer.

= Mr. Brown plays not ＿＿＿＿＿ soccer ＿＿＿＿＿ also ＿＿＿＿＿ .

(3) The young man is so rich that he can buy a new car.

= The young man is rich ＿＿＿＿＿ ＿＿＿＿＿ buy a new car.

(4) Be a good boy, or your father will be sad.

= ＿＿＿＿＿ you ＿＿＿＿＿ a good boy, your father will be sad.

(5) Emi's son won the game. Will you tell Emi about that?

= Will you ＿＿＿＿＿ Emi ＿＿＿＿＿ her son won the game?

記述式 **6** 右の絵に合うように，＿＿に適切な3語以上の語句を入れて英文を完成しなさい。(12点)

(1) Saki is so ＿＿＿＿＿＿＿＿＿＿＿＿＿＿＿＿＿＿

go out today.

(2) She has to study not only English ＿＿＿＿＿＿＿

＿＿＿＿＿＿＿＿＿＿＿＿＿＿＿＿＿＿＿＿＿＿＿ .

(3) As ＿＿＿＿＿＿＿＿＿＿＿＿ finishes studying, she

must practice the piano.

ワンポイント

1 (5)「できるかぎり〜」という表現になるものを選ぶ。

4 (4)命令文のあとに「,」(コンマ)が続くとき，直後に and が続くか or が続くかに注意する。

5 (3)「新しい車を買えるくらいじゅうぶんお金持ちだ」と考える。「…するくらいじゅうぶん〜」
は，〈〜 enough to＋動詞の原形〉で表す。

1・2年の復習

第1章

第2章

第3章

第4章

第5章

第6章

第7章

総仕上げテスト

Step ③ 実力問題

時間 40分　合格点 80点　得点　　点

解答▶別冊 37 ページ

1 次の各組の英文の(　)に共通して入る語を書きなさい。(9点) 〔郁文館高－改〕

(1) What are you looking (　　)?

I was late (　　) school yesterday.

(2) I met the girl (　　) my way home.

Did you go there by car or (　　) foot?

(3) She looked at me (　　) a smile.

He tried to cut the tree (　　) a saw, but he couldn't.

2 次の英文の(　)にあてはまる最も適切な語を選び, 記号で答えなさい。(20点)

(1) We don't have classes (　　) Sundays. 〔秋　田〕

ア at　イ for　ウ in　エ on

(2) It's cold (　　) a coat. You should wear your coat. 〔秋　田〕

ア by　イ in　ウ without　エ on

(3) My dog started to bark as (　　) as he heard my voice. 〔青雲高〕

ア loud　イ strongly　ウ soon　エ much

(4) This dictionary is full (　　) useful expressions. 〔立教新座高－改〕

ア of　イ in　ウ with　エ on

(5) My father played golf (　　) the first time. 〔沖　縄〕

ア in　イ for　ウ to　エ of

3 次の各組の英文がほぼ同じ意味になるように, ____ に適切な語を入れなさい。(18点)

(1) Please look after my dog while I visit Australia. 〔実践学園高－改〕

= Please take care ____ my dog ____ my visit to Australia.

(2) You must try harder if you want to succeed in business. 〔慶應義塾高〕

= ____ ____ , ____ you won't succeed in business.

(3) Mary was very young. She was not able to drive a car. 〔沖　縄〕

= Mary was ____ young ____ she couldn't drive a car.

4 次の日本文を英語にしなさい。(14点)

(1) 君はできるだけ多くの本を読んだほうがよい。 〔西大和学園高〕

(2) 私は夏休みを待ち望んでいます。 〔洛南高－改〕

5 次の英文を読んで，あとの設問に答えなさい。(39点)　　　〔関西学院高－改〕

　I grew up in the south of Spain in a little village called *Estepona*. I still remember that I was very excited to become sixteen years old because I was able to drive a car at that age.

　One morning, my father asked me to drive him into the town of *Mijas* which is about twenty-five kilometers away（　ⓐ　）*Estepona*. He had to meet his friend there, and also he wanted to ask people at a big gas station in *Mijas* to check his car. It was a great chance for me to practice driving, so ①I welcomed his idea at once. I drove my father into *Mijas* and promised to pick him up（　ⓑ　）4 p.m., then drove to the gas station and dropped off the car. Because I had a few hours of free time, I decided to watch movies at a theater near the gas station. However, ②I enjoyed the movies so much that I completely forgot about the time. When the last movie finished, it was just before six o'clock.

　"（　ⓒ　）my father finds out that I was watching movies, he will be very angry. I will never be able to touch his car again," I thought. But I decided to tell him my mistake. I didn't want to lie to him.

　I ran to the gas station and got the car. Then, I drove up to our meeting place. ③I tried to (as, as, come, could, I, quickly, here). My father was waiting on the corner. I told him the truth. He smiled and said, "I know all the things you told me because I called the gas station and asked about you. I'm very happy you don't tell me a lie. Did you enjoy the movies? Please tell me about them in our car !"

注　gas station「ガソリンスタンド」　welcome「歓迎する」　promise「約束する」
　　pick ～ up「～を迎えにいく」　drop off「(車から)降りる」　however「しかし」　completely「完全に」
　　lie「嘘をつく，嘘」　truth「真実」

(1) 文中のⓐ～ⓒにあてはまる語を選び，記号で答えなさい。(9点)

　　ⓐ ア for　　イ far　　ウ from　　エ front　　　　　（　　　）
　　ⓑ ア at　　イ on　　ウ in　　エ until　　　　　（　　　）
　　ⓒ ア While　イ If　　ウ And　　エ Since　　　　　（　　　）

(2) 文中の下線部①の理由を日本語で説明しなさい。(10点)
　　（　　　　　　　　　　　　　　　　　　　　　　　　　　　　　　　　）

(3) 文中の下線部②の英文を日本語にしなさい。(10点)
　　（　　　　　　　　　　　　　　　　　　　　　　　　　　　　　　　　）

(4) 文中の下線部③の（　　　）内の語を並べかえなさい。(10点)
　　I tried to _____.

🐟語句　saw「のこぎり」　bark「ほえる」　voice「声」　business「仕事」

17 いろいろな比較表現

重要点をつかもう

1 The Shinano is longer **than any other** river in Japan. （ポイント①）
（信濃川は日本の**どの川よりも長い**です。）

2 That mountain is **three times as** high **as** this one. （ポイント②）
（あの山は**この山の3倍の高さ**です。）

ポイント① 比較級と最上級を使った重要表現

Which 〜 比較級 , A or B?「AとBではどちらが〜ですか。」

比較級＋than any other＋単数名詞「ほかのどの〜よりも…」＝**最上級**の意味を表す。

The Shinano is **longer than any other river** in Japan.

= The Shinano is **the longest river in** Japan.「信濃川は日本で最も長い川です。」

one of the＋最上級＋複数名詞「最も〜な…のうちの1つ」

ポイント② as ... as 〜「〜と同じくらい…だ」を使った重要表現

not as ... as 〜「〜ほど…ない」（比較級の文に書きかえることができる）

— times as ... as 〜「〜の一倍…」「一倍」と言うときは，times に数詞をつけて，as の前に置いて表す。2倍はふつう **twice** を使う。

Step 1 基本問題

解答▶別冊 39 ページ

1 [比較級と最上級を使った重要表現] 次の日本文に合うように，___ に適切な語を入れなさい。

(1) これは私のアルバムの中で最も美しい写真のうちの1枚です。

This is _____ of the most beautiful _____ in my album.

(2) 富士山は日本のほかのどの山よりも高いです。

Mt. Fuji is higher _____ any _____ mountain in Japan.

(3) このカメラとあなたのカメラでは，どちらが新しいですか。

Which is _____, this camera _____ yours?

(4) ケンは私よりずっと速く泳ぎます。

Ken swims _____ than I.

語句 album「アルバム」

Guide

確認 比較級・最上級の慣用表現

(1) one of the＋最上級＋複数名詞「最も〜な…のうちの1つ」

(2) 比較級＋than any other＋単数名詞「ほかのどの〜よりも…」＝最上級の意味

(3) Which 〜 比較級, A or B?「AとBではどちらが〜ですか。」

(4)「ずっと〜」と比較級を強調したいときには，比較級の前に much をおく。

2 ［as … as ～を使った重要表現］次の日本文に合うように，
（　　）内の語を並べかえなさい。

(1) この都市はあの町ほど静かではありません。

This city （as, as, not, quiet, is） that town.

This city ＿＿＿＿＿＿＿＿＿＿＿＿＿＿ that town.

(2) トムはユカの2倍多く食べます。

Tom （as, as, much, twice, eats） Yuka.

Tom ＿＿＿＿＿＿＿＿＿＿＿＿＿＿ Yuka.

(3) カナダはインドの約3倍の大きさです。

Canada is （three, as, as, large, about, times） India.

Canada is ＿＿＿＿＿＿＿＿＿＿＿＿ India.

3 ［比較表現の書きかえ］次の各組の英文がほぼ同じ意味になる
ように，＿＿に適切な語を入れなさい。

(1) Okinawa is the hottest place in Japan.

= Okinawa is hotter ＿＿＿＿＿＿＿＿ other

place in Japan.

(2) This question isn't as hard as that one.

= That question is ＿＿＿＿＿＿＿ this one.

(3) Mike is taller than any other boy in my class.

= Mike is the ＿＿＿＿＿＿＿ in my class.

4 ［比較表現］次の英文を日本語にしなさい。

(1) This is one of the oldest temples in Japan.

（　　　　　　　　　　　　　　　　　　　　　）

(2) You are taller than any other student in this class.

（　　　　　　　　　　　　　　　　　　　　　）

(3) Tennis is not as popular as soccer.

（　　　　　　　　　　　　　　　　　　　　　）

(4) Which do you like better, July or August?

（　　　　　　　　　　　　　　　　　　　　　）

(5) Your pencil is twice as long as mine.

（　　　　　　　　　　　　　　　　　　　　　）

語句　twice「2倍」

as … as ～について

▶2つのものや人を比べて，
「～と同じくらい…」と言う
とき，as … as ～を使う。否
定形 not as … as ～は「～
ほど…ない」という意味を表
す。

国の面積

▶世界一国土面積の広い国は
ロシアで，ついでカナダが広
い。カナダの面積は約998
万㎢で日本の30倍近い。

比較表現の書きかえ

(1), (3) 比較級＋than any
other＋単数名詞「ほかの
どの～よりも…」は，最上
級「～の中で最も…」と同
じ意味を表す。

(2) A not as ～ as B は「A
は B ほど～ない」という
意味で，「B のほうが A よ
りも～である」ことを表
している。このため，比
較級を使って書きかえら
れる。

比較表現の注意点

(1) one of のあとの名詞は必
ず複数形。

(2) any other のあとの名詞
は必ず単数形。

(5)「2倍」は twice を使う。
「3倍」以上を表す場合は，
～ times とする。「3倍」
は three times，「4倍」
は four times，…のよう
に表す。

【　　　月　　　日】

時間	合格点	得点
40分	80点	点

解答▶別冊 39 ページ

1 次の英文の(　　)内の語を，必要があれば正しい形に直しなさい。直す必要がないときはそのまま書きなさい。ただし，1 語とは限りません。(12 点)

(1) Baseball is one of the (popular) sports in Japan.　　　————————————

(2) Bob is (tall) than any other boy in my class.　　　————————————

(3) Which is (large), Hokkaido or Kyushu?　　　————————————

(4) My English teacher isn't as (old) as my father.　　　————————————

2 次の英文を日本語にしなさい。(16 点)

(1) Bill can run much faster than I.

(　　　　　　　　　　　　　　　　　　　　　　　　　　　　)

(2) Australia is about twenty times as large as Japan.

(　　　　　　　　　　　　　　　　　　　　　　　　　　　　)

(3) I like English the best of all subjects.

(　　　　　　　　　　　　　　　　　　　　　　　　　　　　)

(4) My room is not as clean as yours.

(　　　　　　　　　　　　　　　　　　　　　　　　　　　　)

3 次の日本文に合うように，(　　)内の語を並べかえなさい。(16 点)

(1) 私はあなたほどたくさん本を持っていません。

I (have, many, as, as, books, don't) you.

I ————————————————————————————— you.

(2) あなたの国でいちばん有名な俳優はだれですか。

Who's (your, famous, actor, the, in, most) country?

Who's ————————————————————————— country?

(3) シェイクスピアは世界で最も偉大な作家のうちの 1 人です。

Shakespeare (greatest, is, of, writers, the, one) in the world.

Shakespeare ——————————————————————— in the world.

(4) トムはマイクより少し速く泳げます。

Tom (swim, a, than, little, can, faster) Mike.

Tom ————————————————————————————— Mike.

🐟 語句　actor「俳優」　Shakespeare「シェイクスピア(人名)」　great「偉大な」

4 次の日本文に合うように，_____に適切な語を入れなさい。(20点)

(1) 利根川と信濃川ではどちらが長いですか。

_____ is _____, the Tone _____ the Shinano?

(2) 世界で最も高い山は何ですか。

_____ is _____ _____ mountain in the world?

(3) だんだん寒くなっています。

It is getting _____ _____ _____.

(4) 彼の犬は私の犬の3倍の大きさです。

His dog is three _____ as _____ _____ mine.

5 次の各組の英文がほぼ同じ意味になるように，_____に適切な語を入れなさい。(24点)

(1) My father is younger than my mother.

= My mother is _____ _____ my father.

(2) This book is not as easy as that one.

= This book is _____ _____ than that one.

(3) Lake Biwa is the largest lake in Japan.

= Lake Biwa is _____ _____ any other lake in Japan.

(4) You must study English as hard as possible.

= You must study English as hard as _____ _____.

(5) Don't drive your car so fast.

= You must drive your car _____ _____.

(6) I like golf better than tennis. I like soccer better than golf.

= I like soccer _____ _____ _____ the three sports.

🌀 語句 Lake Biwa「琵琶湖」 as ～ as possible「できる限り～」 golf「ゴルフ」

記述式 **6** 次のような状況に合うように，(　　)の指示にしたがって2つの文を書きなさい。(12点)

【状況】あなたは30枚のCDを持っていて，トム(Tom)は60枚持っています。

(1) (比較級を使って)

_____

(2) (倍数表現＋as ... as ～を使って)

_____

ワンポイント
3 (4) a little は程度の差が小さいことを表す。
4 (3)「だんだん～」は〈比較級＋and＋比較級〉で表す。

107

18 形容詞・副詞の用法

重要点をつかもう

1 New York is a **big** city. ボイント❶

（ニューヨークは**大きな都市**です。）

2 He has **little** money to spend freely. ボイント❷

（彼には自由に使える**お金がほとんどありません**。）

3 This picture is **really** beautiful. ボイント❸

（この絵は**本当に美しい**。）

ボイント❶ **形容詞**…①名詞を修飾する。②補語になって名詞を説明する。（→ p.88）

① New York is a **big** city. 「ニューヨークは**大きな** 都市です。」
　　big「大きい」＋city「都市」

② This picture is **beautiful**. 「この絵は**美しい**。」
　　　＝　　　picture「絵」＝ beautiful「美しい」

ボイント❷ **数量形容詞**…修飾する語が**数えられる名詞**か**数えられない名詞**かで異なる表現を使う。

	「たくさん」	「少しある」	「ほとんどない」
数えられる名詞	many	a few	few
数えられない名詞	much	a little	little

ボイント❸ **副詞**…動詞，形容詞，ほかの副詞を修飾する。

This picture is **really** beautiful.
　　　　really「本当に」＋beautiful「美しい」

Step 1 基本問題

解答▶別冊 40 ページ

1 ［形容詞と副詞の区別］次の各組の英文を意味のちがいがわかるように日本語にしなさい。

(1) ア Tom can play baseball very well.

（　　　　　　　　　　　　　　　　　　　　）

イ Tom is a very good baseball player.

（　　　　　　　　　　　　　　　　　　　　）

(2) ア My father is a careful driver.

（　　　　　　　　　　　　　　　　　　　　）

イ My father drives a car carefully.

（　　　　　　　　　　　　　　　　　　　　）

Guide

ハンドル

車にはハンドルがついているのがふつうだが，英語のhandle に車の「ハンドル」の意味はない。handle は「取っ手」を意味する語で，the handle of the car と言うと「車の取っ手」という意味になってしまう。車の「ハンドル」は英語でsteering wheel という。ちなみに自転車のハンドルはhandlebar だ。

2 ［数量形容詞］次の英文の（　　）内から適切な語を選んで○で囲みなさい。

(1) I visited London a (few, little) years ago.

(2) I'm very busy. I have (few, little) time to read books.

(3) Do you drink (many, much) tea?

(4) There are (many, much) museums in this city.

3 ［some, any の用法］次の英文の＿＿＿に, some, any の中から適切なものを入れなさい。

(1) I'm going to buy ＿＿＿＿＿ eggs.

(2) They didn't have ＿＿＿＿＿ money.

(3) Are there ＿＿＿＿＿ girls in your club?

(4) Would you like ＿＿＿＿＿ coffee?

4 ［そのほかの数量を示す形容詞・副詞］次の英文を日本語にしなさい。

(1) Most American boys like playing baseball.
(　　　　　　　　　　　　　　　　　　　　　　　　)

(2) Every student should study hard.
(　　　　　　　　　　　　　　　　　　　　　　　　)

(3) There are no buses on Sundays.
(　　　　　　　　　　　　　　　　　　　　　　　　)

(4) Almost all the students have their cell phones.
(　　　　　　　　　　　　　　　　　　　　　　　　)

語句　cell phone「携帯電話」

5 ［形容詞, 副詞の位置］次の英文の（　　）内の語句を並べかえなさい。

(1) Give me (cold, something, to) drink.
Give me ＿＿＿＿＿＿＿＿＿＿＿＿＿＿ drink.

(2) I am (to, short, too) be a basketball player.
I am ＿＿＿＿＿＿＿＿＿＿＿ be a basketball player.

(3) I have never seen (an exciting, movie, such).
I have never seen ＿＿＿＿＿＿＿＿＿＿＿＿ .

(4) I don't (money, enough, have).
I don't ＿＿＿＿＿＿＿＿＿＿＿＿＿ .

数量形容詞

▶ few, little の用法
・a few「(数が)少ない」
・a little「(量が)少ない」
　※ few, little だと「ほとんどない」と否定の意味になる。

▶ many, much の用法
・many「(数が)多い」
・much「(量が)多い」

some, any の用法

▶**3**(2), (3)は否定文と疑問文であることに注意。(4) 人にものを勧める場合は someを用いる。

そのほかの数量を示す形容詞・副詞

・most「ほとんどの, 大部分の」
・every「すべての」
　※単数形の名詞を伴う
・no「(まったく)〜ない」
・almost「ほとんど」

形容詞, 副詞の位置

(1) something…
　〈something＋形容詞〉の語順
(2) too…形容詞・副詞の前
(3) never…動詞の前

enough の位置

▶ enough は, 形容詞や副詞を修飾するときは後ろに置くが, 名詞を修飾するときは, ふつう前に置く。
→ rich **enough**
　enough money

Step ② 標準問題

1 次の日本文に合うように，＿＿＿＿にあてはまる語を下から選びなさい。(20点)

(1) 歴史を勉強することは私にはとても興味深い。

Studying history is very ＿＿＿＿＿＿ to me.

(2) 私はそこに行く必要があります。

It is ＿＿＿＿＿ for me to go there.

(3) それはとても難しい問題ですね。

That is a very ＿＿＿＿＿ problem.

(4) あなたの計画は私のものとは違います。

Your plan is ＿＿＿＿＿ from mine.

(5) 彼にはその仕事をすることが可能です。

It is ＿＿＿＿＿ for him to do the work.

| interested | different | impossible | unnecessary |
| interesting | difficult | possible | necessary |

2 次の英文の(　)内から適切な語句を選びなさい。(20点)

(1) This summer there was (few, any, little) rain in this country.

(2) How (many, much, any) homework do you have to do today?

(3) I have (a little, many, much) friends at this school.

(4) He doesn't have (some, few, any) money with him.

(5) He saw (a few, a little, much) students on the bus.

3 次の日本文に合うように，(　)内の語句を並べかえなさい。(8点)

(1) 何か温かい食べ物をください。

(to, hot, give, something, eat, me).

(2) マイクはヨットを持てるくらいじゅうぶんなお金があります。

(enough, a yacht, to, rich, Mike, keep, is).

語句　yacht「ヨット」

110

重要 **4** 次の各組の英文がほぼ同じ意味になるように，_____ に適切な語を入れなさい。(20点)

(1) He doesn't have any comic books.

= He has _____ comic books.

(2) We have many good friends.

= We have a _____ of good friends.

(3) He speaks English well.

= He is a _____ _____ of English.

(4) He had breakfast quickly and went fishing.

= He had a _____ breakfast and went fishing.

(5) What's the matter with Mark?

= What's _____ with Mark?

🍪 語句 quickly 「速く」

5 次の日本文に合うように，_____内に適切な語を入れなさい。(20点)

(1) 父はいつも車で仕事に出かけます。

My father _____ drives to work.

(2) 私はときどき海外に出かけます。

I _____ go abroad.

(3) 月に何度くらいすしを食べるのですか。

How _____ a month do you have sushi?

(4) 母はたいていは朝6時に起床します。

My mother _____ gets up at six in the morning.

(5) こんな悲しい映画を一度も見たことがありません。

I've _____ seen such a sad movie.

6 次の英文を日本語にしなさい。(12点)

(1) We have little snow in winter here.

(　　　　　　　　　　　　　　　　　　　　　　　　　)

(2) I am not always busy on Friday.

(　　　　　　　　　　　　　　　　　　　　　　　　　)

ワンポイント

2 few と many は数えられる名詞，little と much は数えられない名詞に用いる。

6 (2) not always ～で，「いつも～とは限らない」という部分否定の表現になる。

19 重要表現

1 次の英文の（　）にあてはまる最も適切な語句を選び，記号で答えなさい。(25点)

(1) Would you like （　　）cup of tea?　　　　　　　　　〔函館ラサール高〕

　　ア other　　イ others　　ウ another　　エ the others

(2) （　　）of the students here have visited the place.　　〔久留米大附設高－改〕

　　ア Each　　イ Almost　　ウ All　　エ Every

(3) I was afraid （　　）dogs when I was a child.　　　　〔愛光高〕

　　ア to　　イ of　　ウ at　　エ with

(4) Please （　　）yourself to the cake.　　　　　　　〔高知学芸高－改〕

　　ア take　　イ eat　　ウ help　　エ have

(5) Are you looking forward （　　）on holiday?　　　　〔久留米大附設高〕

　　ア going　　イ to go　　ウ to going　　エ that you go

(1)	(2)	(3)	(4)	(5)

2 次の各組の英文がほぼ同じ意味になるように，（　）に入る適切な語を書きなさい。(35点)

(1) When the boy left the room, he said nothing.　　　　〔愛光高〕

　　= The boy left the room （　　）（　　）anything.

(2) Why did he change his mind so quickly?　　　　　　〔慶應義塾高〕

　　= （　　）（　　）him （　　）his mind so quickly?

(3) When I see this picture, I remember my high school days.　〔慶應義塾高〕

　　= This picture （　　）me （　　）my high school days.

(4) Would you come over for lunch?　　　　　　　　　〔立教新座高〕

　　= （　　）don't you come over for lunch?

(5) I missed the last train.　　　　　　　　　　　　〔愛光高〕

　　= I was not （　　）to （　　）the last train.

(6) Mary is too young to live abroad.　　　　　　　　〔大阪星光学院高〕

　　= Mary is not （　　）（　　）to live abroad.

(7) While I was going to the department store, I met Grace.　〔久留米大附設高〕

　　= I met Grace （　　）my （　　）to the department store.

(1)	(2)	
(3)	(4)	(5)
(6)	(7)	

3 次の対話文の（　）にあてはまる最も適切なものを選び、記号で答えなさい。(20点)

(1) *A* : Excuse me. Do you know ABC library?　　　　　　　　　　　〔神奈川県立横須賀高〕

　　B : Yes. Do you see a red building over there? Turn right at that building.

　　　 You （　　　） on your left.

　　　 ア　will send it　　イ　can leave it　　ウ　will find it　　エ　have to show it

(2) *A* : How much is that red bag?　　　　　　　　　　　　　　　　　　　〔沖　縄〕

　　B : It's twenty-five dollars.

　　A : Good. （　　　）

　　　 ア　Please come again.　　イ　Me, too.　　ウ　You're welcome.　　エ　I'll take it.

(3) *A* : You look tired. What's the matter?　　　　　　　　　　　　　　　〔徳　島〕

　　B : I feel sick. I'm going home now.

　　A : （　　　） Please take care of yourself.

　　　 ア　That's too bad.　　イ　That's cool.　　ウ　That's a question.　　エ　That's all.

(4) *A* : Excuse me. Is there a bookstore near here?　　　　　　　　　　〔実践学園高〕

　　B : Yes. （　　　）

　　　 ア　There's no bookstore.　　　　イ　You should take a taxi to get there.

　　　 ウ　Here you are.　　　　　　　　エ　There's one on the next block.

(1)	(2)	(3)	(4)

4 次の日本文に合うように、（　）内の語を並べかえなさい。ただし、(2)は不要な語が1語含まれており、(3)と(4)は1語補う必要があります。(20点)

(1) きみがどんな本を探しているかわかりません。　　　　　　　　　　　〔城北高〕

　　(don't, book, I, looking, you, what, for, know, are).

(2) アメリカ人の中には英語を話すのが得意でない人もいます。　　　　　〔中央大杉並高〕

　　(are, speaking, English, Americans, good, there, at, not, some).

(3) 放課後、川へ釣りに行きませんか。　　　　　　　　　　　　　　　　〔洛南高〕

　　(after, fishing, go, in, river, school, the, we)?

(4) 宿題を手伝ってくれてありがとう。　　　　　　　　　　　　　　　　〔洛南高〕

　　(homework, helping, my, thank, me, for, you).

(1)
(2)
(3)
(4)

Step ③ 実力問題

時間 45分	合格点 80点	得点 点			

【　　月　　日】

解答▶別冊 42 ページ

1 次の英文の(　　)内の語句を並べかえなさい。(15点)

(1) (many, are, languages, around, how, the, there) world?　〔長崎〕

　　_____ world?

(2) (one of, you, players, are, the best) in our team.　〔佐賀－改〕

　　_____ in our team.

(3) She likes (English, subject, than, better, other, any).　〔穎明高〕

　　She likes _____.

2 次の日本文に合うように,_____ に適切な語を入れなさい。(16点)

(1) その4本の映画の中でいちばん面白いものはどれですか。　〔東京工業大附高〕

　　_____ movie is the most interesting _____ the four?

(2) この山の高さはこの前登った山ほどじゃないね。　〔広島大附高－改〕

　　This mountain is _____ _____ _____ as the last one we climbed.

(3) 昨年より今年は雪が多かった。　〔明治大付属中野高〕

　　We have _____ _____ snow this year than last year.

(4) 由美は健の約3倍のお金を持っています。　〔修道高〕

　　Yumi has about three times as _____ _____ _____ Ken.

重要 3 次の各組の英文がほぼ同じ意味になるように,_____ に適切な語を入れなさい。(15点)

(1) Hiroshi doesn't study as hard as his brother.　〔関西学院高〕

　　= Hiroshi's brother studies _____ _____ Hiroshi.

(2) I was interested in the movie.　〔東京工業大附高〕

　　= The movie was _____ to me.

(3) My sister is a good pianist.　〔高知学芸高〕

　　= My sister can _____ the piano _____.

4 次の日本文を英語にしなさい。(14点)

(1) 宿題がたくさんあって,昨日はほとんど寝る時間がなかったんだ。　〔筑波大附高〕

　　_____

(2) うちの弟はすべての動物の中でライオンがいちばん好きです。　〔東京学芸大高－改〕

　　_____

重要 **5**　次の文章は，高校生の誠と，留学生のジョンがスポーツについて話をしている場面です。この文章とグラフを読んで，あとの問いに答えなさい。(40点)　　　　　　　　　〔千葉－改〕

"Makoto, is soccer as popular as baseball in Japan?"

"No. Most of us still like baseball (　　ⓐ　　) than soccer."

"Really? ①A lot of people around us talk about soccer as often as baseball."

"All right. I know a good sports website."

They went to Makoto's room. Makoto showed John the website about professional sports in Japan. The website asked people, "What professional sports do you like?" The answers in 2002 and 2007 are shown on Graph A. From the graph, John understood the popularity of each sport. About 50 percent of people answered baseball in 2007. That is down from 60 percent in 2002. Soccer comes next in 2007. The percentage of people who answered soccer has not changed much since 2002.

"Makoto, you're right. ②野球が日本で最も人気のあるスポーツです。 By the way, I like car racing, so I'm a little sad to see that it's not very popular in Japan."

"Car racing comes after boxing, but it's more popular than wrestling."

"I thought *sumo* was the number one sport in Japan (　　ⓑ　　) I looked at this graph."

"Well, it's popular, but the percentage is getting lower. Golf is getting more popular than before. And golf's popularity is getting nearer to *sumo*'s popularity. Golf and *sumo* are both more popular than car racing. Sorry, John."

注　website「ウェブサイト」　professional sport「プロスポーツ」　popularity「人気」
　　percent「パーセント」　percentage「割合，率」　car racing「カーレース」
　　wrestling「レスリング」　be getting lower「下がってきている」

(1) 文中のⓐとⓑに入る最も適切な語を選び，記号で答えなさい。(8点)

ⓐ ア best　　イ good　　ウ well　エ better　（　　　）

ⓑ ア before　イ because　ウ after　エ that　（　　　）

(2) 右のグラフの(A)～(D)に入るスポーツ名を英語で答えなさい。(12点)

(A) _____　　(B) _____

(C) _____　　(D) _____

(3) 文中の下線部①の英文を日本語にしなさい。(10点)

（　　　　　　　　　　　　　　　　　　　　　　　　　　　　）

(4) 文中の下線部②の日本文を英語にしなさい。(10点)

_____

語句　lion「ライオン」

Table A

Professional Sports People Like

	2002(%)	2007(%)
baseball	60.0	51.1
soccer	22.5	22.8
(A)	24.2	18.3
(B)	13.0	14.4
(C)	12.2	9.3
(D)	9.3	8.1
wrestling	7.1	6.0
other	4.2	4.5

高校入試 総仕上げテスト ❶

【　月　　　日】

時間	合格点	得点
40分	75点	点

解答▶別冊 43 ページ

❶ 次の英文の（　　）にあてはまる最も適切な語を選び，記号で答えなさい。(25点)

(1) Now we have a lot of women doctors, but in the past there were （　　）. 〔成城学園高〕

　　ア　many　　　イ　few　　　ウ　much　　　エ　little

(2) I haven't written a letter to Tomomi, and haven't called her （　　）. 〔栃　木〕

　　ア　either　　イ　too　　　ウ　also　　　エ　so

(3) English is the language （　　） all over the world. 〔秋　田〕

　　ア　speak　　　イ　spoke　　ウ　spoken　　エ　speaking

(4) I （　　） her to open the window to get some fresh air. 〔都立国際高〕

　　ア　talked　　イ　spoke　　ウ　asked　　エ　said

(5) This is the park （　　） visited two years ago. 〔神奈川〕

　　ア　to　　　　イ　has　　　ウ　because　　エ　we

(1)	(2)	(3)	(4)	(5)

❷ 次の各組の英文がほぼ同じ意味になるように，（　　）に入る適切な語を書きなさい。(15点)

(1) My camera is so small that you can carry it in your pocket. 〔駒込高〕

　　= My camera is small enough （　　　） you （　　　） carry in your pocket.

(2) Where did he go yesterday? Do you know that? 〔関西学院高〕

　　= Do you know （　　　）（　　　）（　　　） yesterday?

(3) My father can play golf better than I. 〔関西学院高〕

　　= I can't play golf （　　　）（　　　）（　　　） my father.

(1)		(2)		
(3)				

❸ 次の【条件】にしたがい，春休みにあなたがしたいことについて，それぞれ 5 語以上の 2 文で書きなさい。(8点)

【条件】・1 文目は want という語を使い，自分がしたいことを書きなさい。

　　　　・2 文目は，なぜそのようにしたいのかが伝わるように書きなさい。

❹ 次の文章は，ALT のデイビス先生が，授業の中で日本の生徒に話したスピーチです。これを読んであとの問いに答えなさい。(52点)　　　　　　　　　　　　　　　〔香川－改〕

Hello, everyone. Today I am going to talk about a school in America. Do you know Green Junior High School? It is your sister school. I studied there about ten years ago.

Last year I came to this city to teach English. When I got to this school, I was very surprised. There were so many cherry trees in this school. Green Junior High School also has many cherry trees. The students in Green Junior High School (　①　) them very much. The trees are very beautiful in spring. For example, the students can enjoy a long tunnel of cherry blossoms. It is very exciting to walk under the cherry trees. They are proud of the trees very much.

Why do both schools have so many cherry trees? I asked Mr. Tanaka, the principal of your school. Then I could understand the reason. He said, "②This city is famous for its cherry trees. Thirty years ago, this school gave cherry trees to Green Junior High School (　③　) a symbol of friendship."

④私は彼からもう１つの木のことについて聞きました。　⑤Do you know the tree called dogwood? You can see some dogwoods by the school gate. They have beautiful white flowers in spring. You may be surprised to know that they are the presents from Green Junior High School. ⑥The dogwoods (as, are, the, important, cherry, as) trees for me.

I really hope that the friendship between the two schools will last forever!

注　sister school「姉妹校」　tunnel「トンネル」　blossom「花」
　　proud「誇りを持っている」　principal「校長」　dogwood「ハナミズキ」

(1) 文中の(　①　)・(　③　)にあてはまる最も適切な記号を選びなさい。(12点)

　　①：ア　look for　　　イ　take care of　　ウ　think about　　エ　worry about

　　③：ア　with　　　　　イ　as　　　　　　ウ　for　　　　　　エ　of

(2) 文中の下線部②・⑤の英文を日本語にしなさい。(20点)

(3) 文中の下線部④の日本文を英語にしなさい。(10点)

(4) 文中の下線部⑥の(　　)内の語を並べかえなさい。(10点)

(1)	①		③	
(2)	②			
	⑤			
(3)				
(4)	The dogwoods			trees for me.

高校入試 総仕上げテスト❷

時間 **50分**　合格点 **75点**　得点 　　点

解答▶別冊 45 ページ

❶ 次の対話文の（　　）にあてはまる最も適切な語句を選び，記号で答えなさい。(15点)

(1) *A :* Would you tell me what （　　　） next?　　　　　　　　　〔岩　手〕

　　B : You should clean the room.

　　ア　did　　　　イ　doing　　　　ウ　to do　　　　エ　has done

(2) *A :* How long have you been in Iwate?　　　　　　　　　　　　〔岩　手〕

　　B : I have been here （　　　） I was born.

　　ア　since　　　イ　for　　　　ウ　from　　　　エ　as

(3) *A :* What's wrong?　　　　　　　　　　　　　〔神奈川県立平塚江南高〕

　　B : Well, I can't find my bag. So I'm （　　　） it now.

　　ア　making　　イ　looking for　　ウ　carrying　　エ　watching

(1)	(2)	(3)

❷ 次の日本文に合うように，（　　）内の語句を並べかえなさい。ただし，それぞれ不要な語が１つ含まれています。(15点)　　　　　　〔神奈川県立湘南高〕

(1) 何でそんなに悲しいの。　　（makes, sad, so, what, why, you）?

(2) 母は私に犬の世話をするように言いました。

　　My mother told （care, me, of, take, that, to） our dog.

(3) 窓のそばに立っている女の子が私の妹です。

　　The （by, girl, is, standing, the window, stands） my sister.

(1)	
(2) My mother told	our dog.
(3) The	my sister.

記述式 **❸** Hiroshi は「クラスに紹介したい人物」について，次のメモの内容をもとに英文を書いて発表します。Hiroshi になったつもりで，２文を完成しなさい。(10点)　　〔山口－改〕

　メモ　紹介したい人物：私の叔父

　　　　・世界中を旅して回ることが好きで，約 20 か国に行ったことがある。

My uncle likes
He has

1・2年の復習
第1章
第2章
第3章
第4章
第5章
第6章
第7章
総仕上げテスト

❹ 次の No.1，No.2 の対話文を読み，あとの問いに答えなさい。(20点)　　　〔鳥取−改〕

No.1（留学生の歓迎パーティーで）

Kumi : Welcome to Tottori. We cooked Japanese food. Please help yourself.

Judy : Thank you very much for （　㋐　） a party for me. ①(おいしそうね。)

Kumi : Would you like some tea?

Judy : Yes. Hot tea, please.

Kumi : Sure.

No.2（教室で）

Fred : What did you do last weekend?

Ai : Look at this. I went （　㋑　） and bought this book.

Fred : I've read it. ②(それは日本で最も有名な本の1つですね。)

Ai : Yes, the writer is very popular now.

(1) 会話の流れから判断して，（　㋐　），（　㋑　）にあてはまる最も適切な語をそれぞれ英語1語で答えなさい。(8点)

(2) 下線部①，②の日本文をそれぞれ英語1文で書きなさい。(12点)

(1)	㋐	㋑
(2)	①	
	②	

❺ 次の文章は，図書委員長のベティ(Betty)さんが生徒会の役員会で，アンケート調査をもとに来年の図書委員会の活動計画について発表したものです。[グラフ] (graph)と[表] (table)と英文をもとにして，あとの問いに答えなさい。(40点)　　　〔大分−改〕

[グラフ]　本を読むことは好きですか

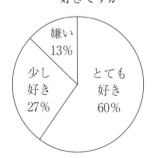

[表]　なぜ本を読むのですか	
（　　A　　）	65%
（　　B　　）	49%
（　　C　　）	40%
調べ物をするため	35%
自由な時間があるので	20%
その他	10%

（複数回答あり）

　Do you like reading books? This is one of the questions that the school library committee asked all of the students in our school. Please look at the graph. It shows 60% of the students like reading very much and 27% of them like reading a little. Another question we asked was "Why do you read books?" Please look at the table. More than 60% of them answered, "I read because it is a lot of fun." About 50% of them think they can learn new things. 40% of them answered, "I read because friends like to read and talk about books." ①We think this answer is very important. If we talk about books with other people and feel the joy of reading, we will become more interested in it.

So we are going to do two projects next year. First, we will use our library newsletters and tell which books are popular among the students. We will also tell what some of them think about those books. Second, we will have ②a book club meeting after school every month. We want to invite our parents to the meeting to talk about their favorite books together. We hope more and more students will read books through these projects.

注 school library committee「図書委員会」 joy「喜び」 newsletter(s)「通信」 meeting「会合」

(1) ［表］の（ A ）にはどのような理由が入るか。日本語で書きなさい。(10点)

(2) 下線部①について，その理由として最も適切なものを1つ選び，記号で答えなさい。(10点)

　　ア 多くの本を読むことで，知識を得ることができ，読書がより好きになるから。

　　イ 本について語り合うことで，読書の喜びを感じ，本をもっと読みたくなるから。

　　ウ 友だちと本を紹介し合うことで，より本に興味を持ち，互いに仲がよくなるから。

　　エ 全校で一斉に読書を行うことで本に親しむことができ，読書の習慣が身につくから。

(3) ［グラフ］，［表］及び本文の内容と一致するものを1つ選び，記号で答えなさい。(10点)

　　ア More than 20% of the students in Betty's school don't like reading books.

　　イ About 30% of the students in Betty's school read books because they have free time.

　　ウ The students will know which books are read by many students in the library newsletters.

　　エ The committee will understand why the students read books through the two projects.

(4) 下線部②の a book club meeting について，その具体的な活動内容を日本語で書きなさい。(10点)

(1)			
(2)		(3)	
(4)			

標準問題集
中3英語
解答編

解 答 編

1 あなたは学生ですか

Step 1　解答	p.2 ～ p.3

1 (1) am　(2) are　(3) is　(4) are　(5) is
(6) are　(7) are

2 (1) like　(2) speak　(3) teaches　(4) has

3 (1) don't have　(2) are not
(3) Does, live　(4) does　(5) Are　(6) aren't

4 (1) am watching　(2) Are, waiting
(3) isn't writing

解説 **1** (1)「私は今15歳(さい)です。」
(2)「あなたは私にとても親切です。」
(3)「この本はとても面白い。」
(4)「私たちの両親は台所にいます。」
(5)「今日はとても寒い。」
(6)「彼(かれ)と私は良い友達です。」
(7)「マイクと健二は向こうでテニスをしています。」
3 (1)「私には姉〔妹〕が1人います。」→「私には姉〔妹〕はいません。」
(2)「あなたはサッカーのファンです。」→「あなたはサッカーのファンではありません。」
(3) 一般動詞(いっぱんどうし)の3人称単数現在の文の疑問文。Does と動詞の原形を使う。「健は大阪に住んでいます。」→「健は大阪に住んでいますか。」
(4)「はい,住んでいます。」
(5)「由美とマイクはクラスメートです。」→「由美とマイクはクラスメートですか。」
(6)「いいえ,ちがいます。」
4 〈be 動詞の現在形＋～ing〉の形を使う。
(1) 主語が I なので be 動詞は am を使う。
(2) 主語が you で疑問文なので主語の前に are を置く。
(3) 主語が he で否定文なので主語のあとに is not を続けるが,空所の数に合わせて isn't を使う。

⚠ 誤りに気をつけよう

主語が3人称単数で現在のとき,study → studies となるが play → plays(× plaies)である。

study のように y の直前が子音字のときは y を i にかえて es をつけるが,play は y の直前が母音字(a, i, u, e, o)であるため,そのまま s をつける。

2 何人の姉妹がいますか

Step 1　解答	p.4 ～ p.5

1 (1) an　(2) classmates　(3) dictionaries
(4) CDs　(5) bag　(6) an orange

2 (1) dogs　(2) boxes　(3) boys　(4) stories
(5) lives　(6) men

3 (1) three rackets　(2) any horses
(3) cups, coffee

4 (1) How many bikes　(2) How many pencils
(3) How many pets

5 (1) How many brothers do you have?
(2) How many comic books does Ken have?
(3) How many trees are there in the park?

解説 **1** (1)「彼女(かのじょ)にはおばが1人います。」
(2)「体育館に何人かクラスメートがいます。」
(3)「あなたの辞書を使ってもいいですか。」
(4)「私の父はたくさんの CD を持っています。」
(5)「美香は新しいかばんをほしがっています。」
(6) be 動詞が Is なので単数になる。「袋(ふくろ)にオレンジが1つ入っていますか。」
2 (6) man, woman の複数形は,それぞれ men, women となる。
3 (1)「私はラケットを1本持っています。」→「私はラケットを3本持っています。」
(2)「あなたは1頭の馬を見ることができますか。」→「あなたは何頭かの馬を見ることができますか。」
(3)「私は毎朝1杯(はい)のコーヒーを飲みます。」→「私は毎朝2杯(はい)のコーヒーを飲みます。」
4 (1)「私は自転車を2台持っています。」→「あなたは自転車を何台持っていますか。」
(2)「5本のえんぴつがあります。」→「何本のえんぴつが

ありますか。」

(3)「彼女はペットを1匹も飼っていません。」→「彼女はペットを何匹飼っていますか。」

5 〈How many ＋名詞の複数形〉で文を始め，疑問文の語順を続ける。

3 英語を話すことができますか

Step 1	解答	p.6 〜 p.7

1 (1) should　(2) will　(3) may
　　(4) can, can't〔cannot〕　(5) Must
　　(6) don't have〔need〕to

2 (1) must　(2) May　(3) Can

3 (1) able　(2) has　(3) are

4 (1) 買い物に行きましょうか。
　　(2) 私を手伝っていただけませんか。
　　(3) お茶をいただきたいのですが。
　　(4) あとであなたに電話しましょうか。
　　(5) 私は早く起きなければいけませんか。

解説 **1** (6) don't have to 〜「〜する必要はない」

2 複数の意味を持つ助動詞を使い分ける。

(1) must「〜にちがいない」

(2) may「〜してもよい」

(3) Can you 〜？「〜してもらえますか。」

3 (1) can ＝ be able to 〜「〜することができる」
　「私の兄〔弟〕は速く走ることができます。」

(2) have to 〜「〜しなければならない」は，3人称単数現在形では has to 〜になる。
　「マイクはその問題を解かなければなりません。」

(3) will ＝ be going to 〜「〜だろう」「健とトムは明日，テニスをするでしょう。」

have to 〜は「〜する必要がない」という不必要を表す。

　You **must not** use Japanese in this class.
　「このクラスで日本語を使ってはいけません。」
　You **don't have to** use English in this class.
　「このクラスで英語を使う**必要はありません**。」

4 動物園へ行きました

Step 1	解答	p.8 〜 p.9

1 (1) were　(2) was　(3) was　(4) were　(5) was

2 (1) helped　(2) walked　(3) played
　　(4) lived　(5) studied　(6) stopped

3 (1) gave　(2) ate　(3) read

4 (1) Mr. Oka wasn't〔was not〕here an hour ago.
　　(2) Tom's father didn't〔did not〕use this room last night.

5 (1) Was Ken in the library yesterday?
　　(2) Did Yumi take pictures in Nara last week?

6 (1) was taking　(2) were swimming
　　(3) wasn't studying　(4) Were, sleeping
　　(5) they weren't

解説 **1** yesterday「昨日」などの過去を表す語句があるときは，動詞を過去形にする。

(1)「その学生たちは昨日，疲れていました。」

(2)「私は2年前，東京にいました。」

(3)「この前の日曜日は寒かったです。」

(4)「健とマイクは昨日，公園にいました。」

(5)「彼は昨年，生徒でした。」

2 (3) play は y の前が母音字なので，そのまま語尾に ed をつける。

(5) study は y の前が子音字なので，y を i にかえて ed をつける。

(6) stop は「短母音＋子音字」で終わっているので，子音字の p を重ねる。

3 (1)「私のおじは先月，私に腕時計をくれました。」

(2)「私たちは昨日，夕食にすしを食べました。」

(3)「ボブは，あの本を昨年読みました。」

4 (1) was があるので be 動詞の過去の否定文。「岡先生は1時間前，ここにいませんでした。」

(2) used があるので一般動詞の過去の否定文にする。「トムのお父さんは昨夜，この部屋を使いませんでした。」

5 (1)「健は昨日，図書館にいましたか。」

(2) took の原形は take。「由美は先週，奈良で写真を撮りましたか。」

6 〈was, were ＋動詞の -ing 形〉の形を使う。過去のある時点で進行中の動作なので，then や at that time, at nine などの時間を表す言葉とともに用いることが多い。

┌─────────────────────────────┐
│ 🏯 **誤りに気をつけよう** │
└─────────────────────────────┘

-ed の発音は 3 種類ある。

①[t] [d] の発音のあと→[id]
　needed, visited, wanted など

②語尾が [t] 以外の無声音→[t]
　liked, helped, washed など

③語尾が有声音→[d]
　closed, lived, played など

＊発音するとき，のどが震えて出る音を有声音といい，震えずに出る音を無声音という。

┌─────────────────────────────┐
│ **Step 2**　解答 　　　　　p.10 ～ p.11 │
└─────────────────────────────┘

1 (1) Does (2) studied (3) was watching
　(4) are (5) was doing (6) know

2 (1) an〔one〕eraser (2) classes
　(3) children〔kids〕 (4) How many libraries

3 (1) How, languages (2) Were, was
　(3) Are (4) How does

4 (1) Shall we (2) must not
　(3) Would, like

5 (1) don't have to write the report
　(2) We should be kind to old people.
　(3) you give me something hot to drink

6 (解答例) (1) Where are you from? / Which〔What〕country do you come from?
　(2) What is your favorite Japanese food? / What Japanese food do you like?

解説 **1** (1)「彼女は本を読むことが好きですか。」

(2)「私は先週末，数学を勉強しました。」

(3) then は「そのとき」なので過去進行形を使った文にする。「マリアはそのとき，テレビで野球の試合

を見ていました。」

(4)「由佳と私は今，同じクラスにいます。」

(5) 文の後半に went とあるので過去の文。when ～「～のとき」「ジョンは，彼の姉〔妹〕が部屋に入ってきたとき，宿題をしていました。」

(6)「私は今では，彼の兄〔弟〕をよく知っています。」

2 (1) 母音で始まる名詞の前では a ではなく an を使う。

(2) s で終わる名詞なので es をつける。

(3) child は不規則変化する名詞。

(4) many のあとに来る名詞は必ず複数形になる。

3 (1) A：トムは何か国語話せますか。
　B：彼は 3 か国語が話せます。

(2) A：あなたは昨年，そのグループの一員でしたか。
　B：はい，そうでした。

(3) A：メアリーとトムはテレビを見ていますか。
　B：いいえ。メアリーは本を読んでいて，トムはテレビゲームをしています。

(4) A：浩二はどのようにして学校に行きますか。
　B：彼は自転車で学校に行きます。

4 (1) Let's ～ . = Shall we ～?「～しませんか。」「あの喫茶店でお茶を飲みましょう。」「あの喫茶店でお茶を飲みませんか。」

(2) Don't ～ . = You must not ～ .「～してはいけない。」「図書館でうるさくしてはいけません。」

(3)「何か飲むものはいかがですか。」 Will you have ～ ? などのように言ってもよい。

5 (1) don't have to ～「～する必要はない」

(2) should「～すべき」

(3) Could you ～?「～してくださいませんか。」

6 (1) 出身地をたずねる表現として where「どこ」や which〔what〕country「どの国」という語句を使えばよい。「～出身」の部分は，be〔come〕from ～とする。

(2) 相手の好きなものを聞く場合は，like のほかに，favorite「お気に入りの」と be 動詞を組み合わせて使うことができる。

┌─────────────────────────────┐
│ 🏯 **誤りに気をつけよう** │
└─────────────────────────────┘

know は現在形で「知っている」という意味でふつう進行形を作らない。同様の動詞に have「持っている」，live「住んでいる」などがある。

本日の上映				
映画タイトル	上映開始時間			
偉大な犬の物語	午前 10:00	午後 4:00		
リサと小さな仲間たち	午後 1:30	午後 6:30		
大人：15ドル 子ども7ドル				

Step 3　解答　　　　　　　　　p.12 ～ p.13

1 (1) have to go there

(2) How many coins do you have in your

(3) Does your brother like these songs?

2 (1) エ　(2) ウ　(3) ア

3 (解答例)(1) One show starts (before noon). /
One show (does).

(2) (It is) 29〔Twenty-nine〕dollars.

4 (1) ⓐ did　ⓑ were　ⓒ met　ⓓ used
ⓔ are　ⓕ learn

(2) ㋐　(3) ウ

(4) (解答例) I will〔am going to〕go shopping
with her next Saturday.

解説 **1** (1)「もし忙しければ，そこへ行く必要は
ありません。」

(2)「あなたはポケットに何枚のコインを持っています
か。」

(3)「あなたのお兄〔弟〕さんはこれらの歌が好きです
か。」一般動詞の文の疑問文で，Does を使うと，
likes ではなく like となる。

2 (1) Would you like ～？「～はいかがですか。」
A：コーヒーはいかがですか。
B：はい，お願いします。

(2) A：そのドレスを着て，きれいですね。
B：ありがとう。

(3) A：たくさんの仕事をしなければなりません。
B：手伝いましょうか。
A：ありがとう。これらの本を図書館へ運んでくだ
さい。

3 (1)「正午前にいくつの上映がありますか。」「正午
前」なので上映開始時間が a.m.「午前」のものを探
すと１つだけである。数を聞かれているので One
show ～とはっきりと数を示す。

(2)「ノースタウン映画館で大人１人，子ども２人が１
回映画を見るといくらになりますか。」表のいちば
ん下を見ると，「大人：15ドル　子ども：７ドル」
となっているので計算をすると合計 29 ドルになる。

4 (1) ⓔ京子たちの市の現状のことを話しているので
現在形にする。ⓕ can の後ろは動詞の原形。

(2) talked [t] と同じ発音のものを選ぶ。㋑は [id]，㋒
と㋓は [d]。

(3) この答えの５つあとの文に，「だから私は英語と日
本語で彼女と話をしようとしました」とあることか
ら考える。

(4)「次の土曜日」とあるので，未来の文を作る。
I'm going to go shopping with her next Saturday.
でもよい。

《日本語訳》

　京子：昨日，市立図書館へ行ったんです。家
　　　　へ帰るとき，１人の外国人の女性が私
　　　　のところに来ました。彼女は日本語で
　　　　何かを言おうとしていたのですが，私
　　　　にはよく理解できませんでした。

山田先生：それであなたはどうしたの？

　京子：英語で彼女に話しかけました。彼女は
　　　　うれしそうに「駅はどこですか？」と
　　　　言いました。

ハリス先生：なるほど。彼女は駅へ行きたかったけ
　　　　れども，どう行けばいいのかわからな
　　　　かったんだね。

　京子：そのとおりです。私は家へ帰るのにそ
　　　　こへ向かっていました。だから彼女に
　　　　「私といっしょに来てください。」と言
　　　　いました。

山田先生：とても親切だったわね,京子。彼女と駅
　　　　に行くときに英語で彼女と話をした？

　京子：はい，しました。私たちは昨日初めて
　　　　会いました。彼女の名前はリンダで，
　　　　ロンドンの出身です。今は日本語を勉
　　　　強しています。だから私は英語と日本
　　　　語で彼女と話をしようとしました。と
　　　　きどきジェスチャーも交えて。私は彼
　　　　女との会話を楽しみました。私は次の

土曜日に彼女と買い物に行くつもりです。

山田先生：それを聞いてうれしいわ。この市には何人かの外国の人たちがいる。私たちは彼らからたくさんのことを学ぶことができるわ。私たちは彼らと話して，お互いに理解し合うべきよ。

ハリス先生：ぼくもそう思うよ。

🔔 誤りに気をつけよう

人に飲み物などを勧めるときは，疑問文でも some を用いる。

Would you like any coffee?
　　　　　　　　　→**some**

5　カナダを訪れる予定です

Step 1　解答	p.14 ～ p.15

1 (1) will be　(2) will teach
　(3) won't watch　(4) Will, study
　(5) I will　(6) Will, come　(7) she won't

2 (1) I am going to eat this cake.
　(2) She is going to watch TV tonight.
　(3) They aren't〔are not〕going to go to school by bus.
　(4) Is Bob going to come home in an hour?

3 (1) will　(2) going to　(3) won't

4 (1) What will Ken practice after school?
　(2) When will they play tennis?
　(3) Where is she going to study?
　(4) Who will help you?

〈解説〉 **2** 確定的な未来は，〈**be going to ＋動詞の原形**〉で表す。
(1)「私はこのケーキを食べるつもりです。」
(2)「彼女は今夜，テレビを見るつもりです。」
(3)「彼らはバスで学校に行かないつもりです。」
(4)「ボブは1時間後に帰ってくるつもりでしょうか。」
3 (1)「この授業は4月に始まるでしょう。」
(2) 直前に be 動詞，直後に動詞の原形がくるので〈be going to ＋動詞の原形〉の形。「もうすぐ宿題が終わります。」
(3) won't は will not の短縮形。「明日は雨ではないで

しょう。」
4 (1)「健は放課後に何を練習するでしょうか。」
(2)「彼らはいつテニスをするでしょうか。」
(3)「彼女はどこで勉強するつもりですか。」
(4)「だれがあなたを助けるでしょうか。」

🔔 誤りに気をつけよう

rain は「雨が降る」という動詞だが，rainy は「雨の」という形容詞。形容詞の前には **be** 動詞が必要。

It will **be rainy** in Tokyo tomorrow.
= It will **rain** in Tokyo tomorrow.
「明日は東京で雨が降るでしょう。」

6　旅行することは楽しい

Step 1　解答	p.16 ～ p.17

1 (1) Studying〔Learning〕　(2) growing
　(3) swimming　(4) Smoking

2 (1) to listen to music
　(2) To read good books
　(3) to become a doctor　(4) to drive a car

3 (1) watching　(2) to buy　(3) talking
　(4) raining　(5) to go　(6) going

4 (1) 健はサッカー選手になりたがっています。
　(2) 絵を描くことが彼女の趣味です。
　(3) 私たちはその歌を歌い始めました。
　(4) 彼はテニスをするのが得意です。
　(5) 久美はケーキを作ることが好きです。

〈解説〉 **2** (1)「彼は音楽を聞くのが好きです。」
(2)「よい本を読むことは大切です。」
(3)「彼女の夢は医者になることです。」
(4)「彼の仕事は車を運転することです。」
3 (1)「あなたは夕食後，テレビを見て楽しみますか。」
(2)「あなたはその CD を買うことに決めましたか。」
(3)「話すのをやめなさい。私の話を聞きなさい。」
(4)「雨が降り始めました。バスに乗りましょう。」
(5)「私は寝たいです。」
(6)「川へ行くのはどうですか。」
4 (1) 名詞的用法の不定詞が want の目的語になっている。

(2) 動名詞が主語になっている。

(3) 名詞的用法の不定詞が started の目的語になっている。

(4) 動名詞が at の目的語になっている。

(5) 動名詞が likes の目的語になっている。

┌─────────────────────────────────┐
│ 🚨 誤りに気をつけよう │
└─────────────────────────────────┘

　stop ＋〜ing は「〜することをやめる」だが，stop ＋ to 〜は「〜するために立ち止まる」という意味になる。

I stopped looking at the picture.

「私はその絵を見るのをやめました。」

I stopped to look at the picture.

「私はその絵を見るために立ち止まりました。」

7　暑いので窓を開けました

| Step 1　解答 | p.18 〜 p.19 |

1 (1) 彼女はギターを弾けると思います

　　(2) 私が彼を手伝うだろうと信じています

　　(3) ケンが正直な生徒であると知っています

　　(4) 明日晴れたらいいと思います

2 (1) that　(2) while　(3) before　(4) because

　　(5) if　(6) so

3 (1) If, snows　(2) until〔till〕, come

　　(3) when, comes

4 (1) while he　(2) when, was

解説 **1**　接続詞の that 以下をひとまとまりの目的語として考える。

(3) know のあとに that が省略されている。

(4) hope のあとに that が省略されている。

2　(1)「あなたはこのゲームはわくわくすると思いますか。」

(2) while「〜している間」は，期間を表す接続詞。「私たちがバスを待っている間に雪が降り始めました。」

(3)「あなたが外出する前，扉を閉め忘れないようにしなさい。」

(4) because「〜なので」は理由を表す接続詞。「彼女は病気だったので仕事に行きませんでした。」

(5) if「もし〜ならば」は条件を表す接続詞。「もし空腹ならパンを食べなさい。」

(6) so「〜だから」は結果を表す接続詞。「昨日はあまりに寒かったので，私たちは泳ぎに行きませんでした。」

3　「時」や「条件」を表す接続詞のある節の中では，**未来の内容であっても現在形で表す。**

4　(1)「彼はシンガポール滞在中におじを訪ねました。」

(2)「私は10歳のとき，初めてボランティア活動に参加しました。」

┌─────────────────────────────────┐
│ 🚨 誤りに気をつけよう │
└─────────────────────────────────┘

　未来の内容であっても動詞を現在形にするのは，〈if, when, until などの「時」や「条件」を表す接続詞＋主語＋動詞〉の中だけである。that などは「時」や「条件」を表す接続詞ではない。接続詞の意味の違いに注意して使い分けよう。

If it ~~will rain~~ tomorrow, we won't go out.
　　　　↳**rains**

「もし明日雨が降るなら，私たちは出かけないでしょう。」

I think that it ~~rains~~ tomorrow.
　　　　　　↳**will rain**

「明日は雨が降ると思います。」

8　父より背が高い

| Step 1　解答 | p.20 〜 p.21 |

1 (1) faster, fastest　(2) hotter, hottest

　　(3) easier, easiest　(4) nicer, nicest

　　(5) more beautiful, most beautiful

　　(6) better, best　(7) more, most

　　(8) more difficult, most difficult

　　(9) bigger, biggest

2 (1) higher　(2) more　(3) smallest

　　(4) busier　(5) most　(6) best　(7) prettier

3 (1) the longest river in Japan

　　(2) is larger than yours

　　(3) is more exciting than that one

　　(4) is as kind as Yuki

　　(5) is the most popular of the

4 (1) トムはあなたより熱心に日本語を勉強します。

(2) この犬はあなたのと同じくらい速く走ります。

(3) 私はすべての季節の中で秋が最も好きです。

(4) 私は家族の中でいちばん早く起きました。

(5) 久美は冬より夏が好きです。

1 (6)(7) 不規則変化をする語。

2 (1)「富士山は高尾山より高いです。」

(2)「理科は数学より面白いです。」

(3)「私のかばんは 3 つの中で最も小さいです。」

(4)「私の母は私より忙しいです。」

(5)「この歌手はアメリカで最も有名です。」

(6)「彼女は私たちのクラスで最も上手なテニスプレーヤーです。」

(7)「この人形はあの人形よりかわいいです。」

3 (1)「日本で最も長い川は何ですか。」

(2)「私の制服はあなたのより大きいです。」

(3)「この映画はあの映画よりわくわくします。」

(4)「由香は有紀と同じくらい親切です。」

(5)「この本は 5 冊の中でいちばん人気があります。」

4 (3) like ~ (the) best で「~がいちばん好きだ」

(5) like ~ better than ... で「~が…より好きだ」

🔔 誤りに気をつけよう

「~の中で最も…だ」というとき，一般的に **in** は場所や範囲(はんい)を示し，**of** は数や複数を表す語を伴(ともな)うので覚えておこう。

He is the tallest of his class.

→ **in** ＝場所，範囲

He is the tallest in the three.

→ **of** ＝数，複数名詞

9 大きな図書館があります

1 (1) There is　(2) is　(3) There are

(4) There was　(5) There were

2 (1) There isn't〔is not〕a computer in this room.

(2) Were there any students in the classroom?

(3) No, there weren't〔were not〕.

(4) How many stations are there in this city?

3 (1) bought me this shirt

(2) Can you show me the book?

(3) Please teach us Japanese.

4 (1) gave me　(2) buy, mother

(3) sends his friends

1　There is〔are〕~の文では，「~」にあたる部分の名詞の数と文全体の時制によって，is，are，was，were を使い分ける。

2 (1)「この部屋にコンピュータはありません。」

(2) 疑問文では some を any にする。「教室に何人かの生徒がいましたか。」

(3)「いいえ，いませんでした。」

(4)「この市には駅がいくつありますか。」

3　SVOO の文では，「(人など) に」「(物など) を」の語順にする。

(1)「私に」「このシャツを」の語順。

(2)「私に」「その本を」の語順。

(3)「私たちに」「日本語を」の語順。

4 (1)「私の兄〔弟〕は私にこの CD をくれました。」

(2)「私は母に何本かの花を買うつもりです。」

(3)「トムは友達に E メールを送ります。」

🔔 誤りに気をつけよう

There is〔are〕~の文で，be 動詞は「~」の部分の数で決まるが，次の例のように一見複数に感じられるものでも，数えられない名詞であれば，is〔was〕を使うので注意する。

There is(× are) much money here.

「ここにたくさんのお金がある。」

There was(× were) a little water in his glass.

「彼のコップには水が少しあった。」

1 (1) be　(2) was　(3) listening to

(4) many　(5) When　(6) us math

2 (1) Is studying　(2) before　(3) If

3 (1) made, for　(2) There are

(3) enjoyed singing　(4) because

(5) to talk　(6) while　(7) taller than

4 (1) Swimming in this lake is

(2) runs the fastest in my school

(3) until your father comes back

(4) will go back to Australia next summer

5 (1) もし明日時間があれば，私の家にきてくれませんか。

(2) 私はきっと私たちみんなが将来成功するだろうと思います。

6 (解答例) (1) If it is sunny on Sunday, I want to go to Kamakura.

(2) There are many old temples there, so I want to visit some of them.

解説 **1** (1)「明日は雨が降るでしょう。」

(2)「そのときここに病院がありました。」

(3)「健の趣味はジャズを聞くことですか。」

(4) Mike has many CDs. に as ～ as you がついた形と考える。「マイクはあなたと同じくらいたくさんの CD を持っています。」

(5)「私が家に帰ってきたとき，私の兄〔弟〕は眠っていました。」

(6)「佐藤先生は私たちに数学を教えてくれます。」

3 (1)「美香は彼女のお父さんのためにケーキをつくりました。」

(2)「私たちのクラスには 25 人の生徒がいます。」

(3)「由美は英語の歌を歌いました。彼女はそれをとても楽しみました。」＝「由美は英語の歌を歌ってとても楽しみました。」

(4)「私はその家を買うのに十分なお金持ちではなかったので，それを買えませんでした」

(5)「マイクは健と話し始めました。」

(6)「あなたの東京滞在中にディズニーランドに行きませんか。」＝「あなたが東京に滞在している間にディズニーランドに行きませんか。」

(7)「私の兄〔弟〕は私の父より背が低いです。」＝「私の父は私の兄〔弟〕より背が高いです。」

4 (1) 動名詞を使った swimming in this lake を主語にする。to が不要。

(2)「私の学校で」は in my school。of が不要。

(3)「～まで」と継続した時間の終わりを表す接続詞・前置詞は until。「～までに」という意味の期限を表す前置詞の by と混同しやすいので注意する。

(4) will などの助動詞のあとの動詞は必ず原形になる。is がくることはない。

5 (1) Will you ～?「～してくれませんか。」

6 (1) If ～「もし～なら」を使う。

(2) ～, so ...「～だから…」や ～ because ...「…だから～」を使って理由を述べる。

┌─ 🚨 **誤りに気をつけよう** ─┐

because は理由を表し，**so** は結果を表す。ともに「～なので」と訳すが，節の内容が異なるので注意しよう。

「昨日は雨だった[ので，]外出しませんでした。」

It rained yesterday, [because] we didn't go out.
└→ **so**

We didn't go out[so]it rained yesterday.
└→ **because**

└──────────────────┘

Step 3 解答　　　　　　　　p.26 ～ p.27

1 (1) there are so many languages

(2) will take you to the center

(3) will be able to speak English

(4) Which movie is the most interesting of the four?

(5) We have more snow this year than last year.

2 (1) to become〔be〕　(2) number of　(3) to

3 (解答例)

(1) It will begin〔start〕at two o'clock.

(2) I will give her a bag.

4 (1) a staying　b to do　c cleaning

(2) A that　B that　C when　D If

(3) I will give you the special hats / I will give the special hats to you

(4) I will〔can〕see you again

解説 **1** (1)「世界で使われている言語がそんなにたくさんあるとは信じられません。」

(2) take A to B は「A を B へ連れて行く」。「このバスはあなたを町の中心部へ連れて行ってくれるでしょう。」

(3) be able to ～「～することができる」は助動詞といっしょに用いるとき，助動詞のあとに置く。「あなたは来年，英語を話すことができるでしょう。」

(4)「どの映画が 4 つの中で最も面白いですか。」

(5) 動詞が現在形なので，「去年より今年のほうが～だ」という文にする。「去年より今年のほうが雪がたく

さん降っています。」

2 (1)「ジムは宇宙飛行士になるという夢を持っています。」＝「ジムの夢は宇宙飛行士になることです。」

(2) What is the number of ～で「～の数はいくつか」「公園にどれくらいたくさんの人がいますか。」＝「公園にいる人の数はいくつですか。」

(3)「私は家に着いたらあなたにカードを送るつもりです。」

3 (1)「それは２時に始まります。」幸子がジョージに，演奏会が始まる時間を教えている。The concert will start at two o'clock. などでもよい。

(2)「私は彼女にかばんをあげるつもりです。」give を用いて「～をあげるつもりです」という意味の文を作る。I'll give a bag to her. でもよい。a bag を a nice bag のように表現してもよい。

《日本語訳》

幸子：明日，吹奏楽の演奏会があるの。来たい？

ジョージ：もちろん。どこであるの？

幸子：音楽室でよ。２時に始まるの。

ジョージ：わかった。いい演奏会になるといいね。

幸子：ありがとう。ええと，明日は私の母の誕生日なの。かばんをあげようと思っているのよ。

ジョージ：それはいい考えだね。

4 (1) a・c 前置詞 for のあとなので，動名詞にする。

(2) A・B この that は省略することもできる。

(3) give A B の形か，give B to A の形を使う。

(4)〈I hope to ＋動詞の原形〉「～することを望む」は，〈I hope that I will〔can〕＋動詞の原形〉「私が～する〔できる〕ことを望む」に書きかえることができる。

《日本語訳》

2020 年 9 月 5 日

拝啓　親愛なる生徒のみなさんへ

　６月に私たちのホテルにご滞在いただきましてまことにありがとうございました。みなさんはグアム島にたった３日間いただけですが，修学旅行中楽しいときを過ごされたことを願っています。

　最終日にみなさんは私たちのホテルの近くの浜辺を掃除してくれました。最初，私はみなさんがそれをやりたくないだろうと思いました。しかし，浜辺にいるみなさんを見たとき，みなさんはその仕事を楽しんでいました。それは私を驚かせました。

　「誰が掃除する計画を立てたのですか。」と私はみなさんの先生の１人にたずねました。「生徒たちです」とその先生は答えました。あとで，みなさんのうちの何人かが日本の学校について私に話してくれました。みなさんは毎日学校を掃除しているのですね。みなさんはときには，みなさんの街も掃除するのですね。

　浜辺を掃除してくれてありがとうございました。私はとても感動しました。私たちは今では毎月浜辺を掃除して，その仕事用に特別な帽子をかぶっています。みなさんが来年やって来たら，私はあなたたちにその特別な帽子をあげるつもりです。みなさんにまたお会いできることを祈っています。

敬具

スティーブ・ブラウン

支配人

🔔 誤りに気をつけよう

　名詞的用法の不定詞と動名詞はともに「～すること」の意味になるが，厳密な意味と用法には少し違いがあるので注意する必要がある。一般に名詞的用法の不定詞は，これから起こることに関して用いられる傾向がある。このため，次のような文では動名詞を使うと不自然な英文に受け取られることもある。

My dream is to become(△becoming) a doctor.

3年

1　受け身形の基本

Step 1　解答　　　p.28 ～ p.29

1 (1) ウ　(2) ウ　(3) ア　(4) ウ　(5) イ　(6) ウ

2 (1) Ms. Green is liked by every student.

(2) Spanish is spoken in Mexico.

3 (1) This book isn't〔is not〕read by young people.

(2) Is the film seen in Japan?

4 (1) it is　(2) they aren't

5 (1) この車はマイクによって洗われません。

(2) この神社は毎年，多くの人々によって訪問されます。

(3) この国ではいくつの言語が話されています

か。

(4) どんな種類の音楽が日本では好まれていますか。

解説　**1**　すべて受け身の文。主語と時制に合わせて be 動詞を使い分ける。

(1) 「サッカーは多くの男の子に愛されています。」

(2) 「この歌は若い人々によって歌われます。」

(3) 「そのコンピュータは私の父によって使われます。」

(4) 「これらの DVD はあの店で売られています。」

(5) 「英語とフランス語はカナダで話されています。」

(6) 「私たちは加藤先生に歴史を教わっています。」

2　(1) Ms. Green を主語にして文を作る。「グリーン先生は生徒みんなに好かれています。」

(2) Spanish を主語にして文を作る。ここでの they は一般の人々をさすので by them は省略する。「スペイン語はメキシコで話されています。」

3　受け身形の**否定文は be 動詞の後ろに not を置き，疑問文は主語の前に be 動詞を置く。**

(1) 「この本は若い人たちによって読まれません。」

(2) 「その映画は日本で見られていますか。」

4　(1) A：この部屋は健によって掃除されますか。
　B：はい，されます。

(2) A：これらの機械は毎日使われますか。
　B：いいえ，使われません。

5　(3) How many languages が主語の疑問文。

┌─────── 🚨 **誤りに気をつけよう** ───────┐

　English is spoken in America. という受け身形の文を「主語は~する」という文になおすとき，一般の人々を意味する they を使って書きかえる。この they はふつう訳さない。

　English is spoken in America.
　「アメリカでは英語が話されています。」

→× America speaks English.
　「アメリカは英語を話します。」

→○ They speak English in America.
　「アメリカでは（人々は）英語を話します。」

└──────────────────────────────┘

Step 2　解答　　　　　　　　　　　p.30 ～ p.31

1 (1) エ　(2) イ　(3) ア　(4) エ　(5) ア　(6) エ

2 (1) is written　(2) aren't liked

(3) are used

3 (1) Is the temple loved by a lot of people?

(2) Those rooms are not cleaned by Tom.

(3) What language is spoken in your country?

4 (1) is cooked by　(2) isn't eaten

(3) Many people love

(4) are spoken

(5) are taught　(6) Is, played by

5 (1) Rice isn't〔is not〕grown in the country.

(2) Are Taro and Jiro loved by everyone?

(3) What is washed by Mike and his brother every day?

(4) Some Japanese songs are sung by Mr. Brown.

6 （解答例）(1) is cleaned by

(2) is opened〔closed〕by

解説　**1**　(1) 「その生徒たちはクラーク先生に英語を教わります。」

(2) everyone は単数扱いなので，動詞は likes になる。「私たちのクラスのみんなはブラウン先生の授業が好きです。」

(3) 「この車は毎週日曜日，健によって洗われますか。」「はい，洗われます。」

(4) 「これらのゲームはたくさんの人々に遊ばれていますか。」「いいえ，遊ばれていません。」

(5) 「あのスーパーマーケットはいつ開きますか。」

(6) 「彼女は今，窓のそばに座っています。」

2　(2) 受け身形の否定文。空所の数から aren't にする。

(3) How many computers を主語にした受け身形の疑問文。

3　(1) 「その寺は多くの人々に愛されていますか。」

(2) 「それらの部屋はトムによって掃除されていません。」

(3) 「あなたの国では何語が話されていますか。」

4　(1) 「母は毎日，夕食を作ります。」＝「夕食は毎日，母によって作られます。」

(2) 「アメリカではその食べ物を食べません。」＝「その食べ物はアメリカでは食べられていません。」

(3) 「日本の文化は多くの人々によって愛されています。」＝「多くの人々が日本の文化を愛しています。」

(4) 「この国ではいくつの言語を話しますか。」＝「この国
ではいくつの言語が話されていますか。」

(5) 「山本先生は私たちの音楽の先生です。」＝「私たちは
山本先生に音楽を教わります。」

(6) 「その生徒たちは放課後に野球をしますか。」＝「放課
後，その生徒たちによって野球がされますか。」

5 まず最初に受け身の文に書きかえ，そのあとに指
示にしたがってさらに書きかえる。

(1) grow「育てる」の過去分詞は grown。「米はその
国では栽培されません。」

(2) 「太郎と次郎はみんなに愛されていますか。」

(3) 「何が毎日，マイクと彼の兄〔弟〕によって洗われま
すか。」

(4) 「日本の歌が何曲かブラウン先生によって歌われま
す。」

6 人の行っている動作を，動作の受け手を主語にし
て表すと受け身の形になる。

(1) 「教室は太郎によって掃除されます。」

(2) 「窓は久美によって開け〔閉め〕られます。」

📢 誤りに気をつけよう

前置詞の by にはいろいろな意味がある。
I go to school **by** bus.
「私はバスで学校に行きます。」（交通手段）
Finish the work **by** tomorrow.
「明日までにその仕事を終えなさい。」（期限）
She is sitting **by** the window.
「彼女は窓のそばにすわっています。」（位置）
This car is used **by** him.
「この車は彼によって使われます。」（行為者）

---

2 いろいろな受け身形

Step 1 解答	p.32 ～ p.33

1 (1) was cleaned (2) was built
(3) Were, made (4) was not held
(5) were, written

2 (1) 歴史に興味があります
(2) 雪に覆われています
(3) みんなに知られています
(4) そのニュース〔知らせ〕に驚きました
(5) その事故で死にました

3 (1) by (2) of (3) from (4) from

---

4 (1) The dog is taken care of by her.
(2) She was laughed at by everyone.
(3) I was spoken to by Mike yesterday.
(4) The cat is called Tama (by us).

解説 **1** 受け身形の be 動詞を過去形にすれば，過
去の受け身形になる。

3 (1) 「この機械は私の祖父によって作られました。」

(2) 〈be made of ＋材料〉＝「～（材料）で作られる」
石の橋は見た目から石だとわかる。「この橋は石で
できています。」

(3) 〈be made from ＋原料〉＝「～（原料）で作られる」
ワインは見た目からぶどうだとはわからない。「ワ
インはぶどうから作られます。」

(4) チーズは見た目で牛乳からできているとはわからな
い。「チーズは牛乳から作られます。」

4 take care of や laugh at などの連語は受け身形に
しても care of や at をそのままにしておく。

(1) 「その犬は彼女に世話をされています。」

(2) 「彼女はみんなに笑われました。」

(3) 「私は昨日，マイクに話しかけられました。」

(4) call A B＝「A を B と呼ぶ」の受け身形は A **is
called** B。「このねこは（私たちによって）タマと呼
ばれています。」

📢 誤りに気をつけよう

受け身形の時制を決めるのは be 動詞である。
This room **is** cleaned every day.（現在）
「この部屋は毎日，掃除されます。」
This room **was** cleaned yesterday.（過去）
「この部屋は昨日，掃除されました。」

Step 2 解答	p.34 ～ p.35

1 (1) brought (2) written (3) bought
(4) taught (5) broken (6) caught

2 (1) Were, they weren't
(2) is made of (3) is known to
(4) was covered with
(5) was spoken to
(6) was not used

3 (1) Was the problem solved by the students?
(2) When was Uranus discovered?
(3) What was invented by Bell in 1876?

4 (1) 私はカナダで生まれました。
(2) その庭は赤い花でいっぱいでした。
(3) ３人(の人)がその事故でけがをしました。
(4) 私たちはその新しい考えに驚きました。

5 (1) was cooked, her (2) is, from
(3) am interested in
(4) laughed at by (5) was built〔opened〕
(6) is, called

6 (解答例) (1) My brother Shinji was born in 2010.
(2) He is is called Shin-chan by my family.

解説 **1** 受け身形にする。すべて不規則動詞。
(1)「その動物はオーストラリアから連れてこられました。」
(2)「それらの本は春樹によって書かれました。」
(3)「その家はホワイトさんによって買われましたか。」
(4)「私たちは昨年，クラーク先生に英語を教わりました。」
(5)「その花びんは健によって壊(こわ)されました。」
(6)「この魚はその川で彼によって捕(つか)まえられました。」

2 (5)「～に話しかける」＝speak to ～ 受け身形にしても to はそのまま残る。

3 (1)「その問題は生徒たちによって解かれましたか。」
(2)「いつ」とたずねるので when を使う。「天王星はいつ発見されましたか。」
(3)「何が」とたずねるので what を使い，〈疑問詞(＝主語)＋be動詞＋過去分詞〉の語順にする。「1876年にベルによって何が発明されましたか。」

4 (2) be filled with ～「～でいっぱいである」
(4) be surprised at ～「～に驚く」

5 (1)「彼女は昨日，てんぷらを作りました。」＝「てんぷらが昨日，彼女によって作られました。」
(2)「ぶどうはワインに作りかえられます。」＝「ワインはぶどうから作られます。」
(3)「英語の歌は私にとって興味深いです。」＝「私は英語の歌に興味があります。」
(4)「聴衆(ちょうしゅう)は彼女を笑いました。」＝「彼女は聴衆に笑われました。」
(5)「私たちの学校は創立100年です。」＝「私たちの学校は100年前に建てられ〔開かれ〕ました。」
(6)「トムは彼の犬を何と呼びますか。」＝「トムの犬は彼

によって何と呼ばれますか。」

6 (1) in 2010 の代わりに，ten years ago, last year などの語句を使うこともできる。「私の弟〔兄〕の信二は 2010 年に生まれました。」
(2)「彼は私の家族にシンちゃんと呼ばれています。」

🔔 誤りに気をつけよう

日本語では受け身形で表現されないものが，英語では受け身形になる場合がある。
・be born「生まれる」
・be interested in ～「～に興味がある」
・be injured「けがをする」
・be killed in ～「～で死ぬ」
・be surprised at ～「～に驚く」 など

Step 3 解答 p.36 ～ p.37

1 (1) Was, written in
(2) were killed in
(3) were eaten〔had〕 (4) is held
2 (1) old is (2) interested in
(3) isn't opened〔open〕 (4) is, called
(5) is known to
3 (1) We were taught music by him last
(2) top of that mountain is covered with snow
(3) Where were you spoken to by a Chinese?
4 (1) ⑦ were seen ④ were broken
⑦ were found
(2) People caught
(3) dying
(4) 日本中，(新しい)道路，(ニホンカワウソの)住みかが壊された

解説 **1** (3) almost all ～「ほとんどすべての～」
(4) hold「開催する」の過去分詞は held。「始まる」と考えて will start〔begin〕でもよい。
2 (1)「金閣寺はいつ建てられましたか。」＝「金閣寺は建てられて何年ですか。」
(2)「アメリカの文化はあなたにとって興味深いですか。」＝「あなたはアメリカの文化に興味がありますか。」
(3) open は形容詞でも使えるので，isn't open も可。「彼は日曜日には店を開けません。」＝「彼の店は日曜

日には開けられません。」

(4)「アメリカではこの果物を何と呼びますか。」＝「アメリカではこの果物は何と呼ばれますか。」

(5)「日本の多くの人々が彼の名前を知っています。」＝「彼の名前は多くの日本人に知られています。」

3 (1)「彼から教わる」＝「彼によって教えられる」と考える。

(2) by が不要。

(3) to を補う。

4 (1) すべて過去の受け身形にする。㋐主語は they。㋑主語は Their houses。㋒主語は Japanese otters' footprints。

(2) 本文4行目 People caught them to make fur coats and medicine. を抜き出す。

(3) dying＝「滅びかけている」

《日本語訳》

　　あなたは動物が好きですか。私は好きです。今日はニホンカワウソとシベリアトラについて話したいと思います。前者は絶滅しており，後者は現在絶滅しつつあります。

　　かつてニホンカワウソは日本中に住んでいました。しかし1948年には，それらは四国の一部のみでしか見られなくなりました。人々は毛皮のコートや薬を作るためにそれらを捕獲しました。それらはふつう川の近くに住み，魚を食べます。しかし川は変化してしまいました。人々が川沿いに新しい道路や堤防を建設したので，それらの住みかが壊されました。川は汚れてニホンカワウソは川で魚を見つけることができなくなりました。数年前にニホンカワウソの足跡が発見されましたが，今日，ニホンカワウソがまだどこかで生きていると信じている人は，ほんのわずかです。

　　シベリアトラは美しいです。それらも毛皮のコートや薬を作るために人々が捕獲しました。人々は森林に農園を作るために木を切り倒し，シベリアトラもまた森で動物を見つけることができなくなりました。人々は楽しみのためにそれらの狩りもしました。現在，約200頭のトラだけが中国に近いシベリアの森に住んでいます。

　　現在も，多くの動物が世界中で絶滅しつつあります。もしこうした動物が絶滅したら，私たちは2度とそれらを地球上で見ることができなくなります。

すでに，絶滅しつつある動物を救おうとし始めた人々もいます。しかし，私はもっと多くの人々がそれらを救うために何かをするべきだと思います。

┌─ 🚨 **誤りに気をつけよう** ─┐

　give や teach のような，「A に B を～する」という意味の動詞では，受け身形が2通りできる。

　He **taught us music** last year.
　「彼は昨年，私たちに音楽を教えてくれた。」
＝ **We were taught** music by him last year.
　「私たちは昨年，彼に音楽を教わった。」
＝ **Music was taught** us by him last year.
　「音楽が昨年，彼によって私たちに教えられた。」

＊2通りの受け身形が作れる動詞
　give, bring, lend, send, teach　など
└────────────────────┘

3　現在完了形（経験）

Step 1　解答	p.38～p.39

1 (1) ア　(2) イ　(3) ア　(4) ア　(5) イ
2 (1) have, I've　(2) hasn't, He's
　　(3) she has, She's
3 (1) never　(2) ever　(3) five times　(4) often
4 (1) Have you ever visited Hokkaido?
　　(2) How many times〔often〕have they had this food?

解説 **1** 主語を見分ける。主語に応じて形が変わるのは，have〔has〕の部分である。

(1)「有紀は1度，カレーを料理したことがあります。」

(2)「私は3回，この本を読んだことがあります。」

(3)「私の祖父は1度もハンバーガーを食べたことがありません。」

(4)「由美の姉〔妹〕は何度も中国に行ったことがあります。」

(5)「彼らは以前に雪を見たことがありません。」

2 現在完了の疑問文に Yes で答えるときは〈Yes, ＋主語の代名詞＋have〔has〕.〉，No で答えるときは〈No, ＋主語の代名詞＋haven't〔hasn't〕.〉を使う。

(1) I have の短縮形は I've。

　A：あなたは今までに韓国に行ったことがあります

か。

B：はい，あります。私は何度もそこに行ったことがあります。

(2) he has の短縮形は he's。

A：マークは今までにその女性に会ったことがありますか。

B：いいえ，ありません。彼は1度も彼女に会ったことがありません。

(3) she has の短縮形は she's。

A：有紀は今までにその中国の服を着たことがありますか。

B：はい，あります。彼女はよくそれを着ました。

3 頻度を表す語句を使い分ける。

(1) never は「1度も～ない」と否定の意味を表す。

(2) ever は主に疑問文で使い，「今までに」の意味。

(3) ～ times は回数を表し，「～回」の意味。

4 (1)「あなたは今までに北海道を訪れたことがありますか。」

(2)「彼らは何度，この食べ物を食べたことがありますか。」

┌─────────────────────────────┐
│ 🚨 誤りに気をつけよう　　　　　　│
└─────────────────────────────┘

once は「1度」の意味で使うときはふつう文末に置き，「かつて」の意味で使うときはふつう文中(主に動詞の前)に置く。

I have been to Kyoto **once**.

「私は1度京都に行ったことがあります。」

I **once** lived in Kyoto.

「私はかつて京都に住んでいました。」

Step 2　解答	p.40 ～ p.41

1 (1) ウ　(2) ウ　(3) イ　(4) ウ

2 (1) Have, they haven't

(2) often, He's

(3) many times

3 (1) has been, three times

(2) ever thought

(3) have never talked

(4) often, done

(5) has eaten〔had〕, twice

4 (1) I have met Mr. Brown many times.

(2) Have you ever used chopsticks?

(3) My mother has never got on the plane.

(4) How many times has Yumi been to New York?

5 (1) 私の父は富士山に数回登ったことがあります。

(2) 私はそんなに美しい山を1度も見たことがありません。

(3) 私の祖母はよく外国に行きます〔行ったことがあります〕。

6 (解答例) Have you ever eaten〔had〕Japanese food?　Have you ever been to〔visited〕Kyoto?　Have you ever watched〔seen〕*sumo*?　などから2つ。

┌─────┐
│ 解説 │ **1**　(1) written が write の過去分詞。「あなた
└─────┘
は今までに英語で手紙を書いたことがありますか。」

(2)「あなたのお父さんは今までにアメリカに行ったことがありますか。」

(3)「マークは何度京都に行ったことがありますか。」

(4) 後半部分に「名前が思い出せない」とあるので I've seen「会ったことがある」が正解。「私は以前にあの男性に会ったことはありますが，名前が思い出せません。」

2 (1) A：アンとマイクは今までにスペインに住んだことがありますか。

B：いいえ，ありません。

(2) 空所の数から He has の短縮形 He's にする。

A：健は何度その美術館に行ったことがありますか。

B：彼は3度そこへ行ったことがあります。

(3) A：あなたは何回この果物を食べてみたことがありますか。

B：私は2回それを食べてみたことがあります。

3 (1) have〔has〕been to ～「～に行ったことがある」

(2) think の過去分詞は thought。

(3) 〈have never＋過去分詞〉「1度も～したことがない」

(4) do の過去分詞は done。

(5) 3回以上は「～ times」だが，「1回」は once，「2回」は twice になる。

4 (1) met は meet「会う」の過去分詞。

(2) ever は過去分詞の前に置く。

(3) never は過去分詞の前に置く。

(4) 頻度〔回数〕は How often ～？か How many times ～？でたずねる。

5 (3) often「よく」は頻度を表す語。

6 経験をたずねる〈Have you ever ＋過去分詞～?〉の形を使う。

┌─── 🚨 **誤りに気をつけよう** ───┐

have〔has〕been to ～には「～に行ったことがある(経験)」「～に行ってきたところだ(完了→ p.42)」の２つの意味がある。副詞句に注目して見分けよう。

I have been to Canada <u>twice</u>. （経験）
「私は２度カナダに行ったことがあります。」
I have <u>just</u> been to the post office. （完了）
「私は<u>ちょうど</u>郵便局に行ってきたところです。」

└─────────────────────┘

4 現在完了形(完了・結果)

┌──────────────────────┐
| **Step 1** 解答 | p.42 ～ p.43 |
└──────────────────────┘

1 (1) have, gone (2) has, finished
　(3) has, left〔started〕 (4) has come
　(5) Have, washed (6) I've, broken

2 (1) I haven't〔have not〕read this book yet.
　(2) Has Ken cleaned his room yet?

3 (1) I've〔I have〕lost my camera.
　(2) My parents have gone to Canada.

4 (1) ① 私はすでに〔もう〕その映画を見ました。
　② あなたはすでに〔もう〕その映画を見ましたか。
　③ 私はまだその映画を見ていません。
　(2) ① 彼は１度アメリカに行ったことがあります。
　② 彼はアメリカに行ってしまいました。
　③ 彼はちょうど市役所に行ってきたところです。

解説 **1** (1)「外出する」go out。go の過去分詞は gone。

(2)「(まだ)～していない」は〈have not ＋過去分詞〉。

(3)「出発する」leave の過去分詞は left。

(4)「来る」come の過去分詞は come。

(5)「(もう)～しましたか」は〈Have ＋主語＋過去分詞～?〉。

(6)「壊す，割る」break の過去分詞は broken。

2 日本語では同じ「**すでに，もう**」という意味にな

るが，主に **already** は肯定文で，**yet** は疑問文で使う。また否定文中の **yet** は「**まだ**」という意味になる。

(1)「私はまだこの本を読んでいません。」

(2)「健はもう彼の部屋を掃除しましたか。」

3 (1)「私はカメラをなくしました。今，それを持っていません。」→「私はカメラをなくしてしまいました。」

(2)「私の両親はカナダに行きました。彼らはまだそこにいます。」→「私の両親はカナダに行ってしまいました。」「私の両親は(ずっと)カナダにいます。」と考えて，My parents have been in Canada. でもよい。

4 (1) ③ yet は否定文中では「まだ(～ない)」という意味を表す。

(2) has been to ～「～に行ったことがある」(経験)「～に行ってきたところだ」(完了)，has gone to ～「～に行ってしまった」(結果)

┌─── 🚨 **誤りに気をつけよう** ───┐

have〔has〕been to ～(経験)と**have〔has〕gone to ～**(結果)の日本語訳には表われない意味のちがいにも気をつけよう。

My mother **has been to** Korea.
「私の母は韓国に行ったことがあります。」
＝今は帰ってきている
My mother **has gone to** Korea.
「私の母は韓国に行ってしまいました。」
＝今もここにいない

└─────────────────────┘

┌──────────────────────┐
| **Step 2** 解答 | p.44 ～ p.45 |
└──────────────────────┘

1 (1) just (2) never (3) already
　(4) ever (5) yet

2 (1) gone (2) been, been (3) been
　(4) gone

3 (1) John has already written the history report.
　(2) Has your father come home yet?
　(3) I've just read the book about the Internet.
　(4) haven't told Alex about the meeting yet

4 (1) already seen〔watched〕
　(2) haven't, yet

(3) just finished〔done〕

(4) yet，yet

(5) They came

5 (1) just been

(2) gone to

(3) have lost

6 (1) トムはコンピュータを壊してしまいました。彼は新しいのを買わなければなりません。

(2) 私の父はまだその仕事を終えていません。彼はまだそれをしています。

(3) 買い物に行きましょう。私はすでに皿を洗ってしまいました。

解説 **1** 現在完了でよく使う語句を区別する。

(1) just「ちょうど」（→完了）

(2) never「1度も～ない」（→経験）

(3) already「すでに」（→完了）

(4) ever「今までに」（→経験）

(5) yet「（疑問文で）すでに」（→完了）

2 (1) A：マイクはどこですか。

B：彼はここにはいません。学校へ行ってしまいました。

(2) A：こんにちは，トム。どこへ行っていたのですか。

B：私はちょうど郵便局に行ってきたところです。

(3) A：あなたはその新しいレストランに行ったことがありますか。

B：はい。先週そこで夕食を楽しみました。

(4) A：あなたは1時間前，図書館でジャックを見たのですよね。

B：はい，見ました。けれど彼はもう家に帰ってしまったと思いますよ。

3 ふつう現在完了では already や just は過去分詞の前に置き，yet は文末に置く。

(1)「ジョンはすでに歴史のレポートを書いてしまいました。」

(2)「あなたのお父さんはすでに帰宅していますか。」

(3)「私はちょうどインターネットに関する本を読んだところです。」

(4)「私はまだアレックスにミーティングのことを話していません。」

4 (4) No, not yet. で「いいえ，まだです。」という意味。

5 (1)「マークは公園に行きました，そしてちょうど

帰ってきたところです。」＝「マークはちょうど公園に行ってきたところです。」

(2)「エレンは京都に行きました。彼女はまだそこにいます。」＝「エレンは京都に行ってしまいました。」

(3)「私は財布をなくしました。今，探しているところです。」＝「私は財布をなくしてしまいました。」

6 (1) a new one ＝ a new computer のこと。

⚠ 誤りに気をつけよう

already，yet，just などの副詞は，現在完了でのみ使われる表現ではないので覚えておこう。

It is **already** 12 o'clock.「もう12時です。」

I am **just** going out.

「私はちょうど出かけるところです。」

I don't know the answer **yet**.

「私はまだその答えを知りません。」

---

5 現在完了形（継続）・現在完了進行形

Step 1 解答　　　　　　　　　　p.46～p.47

1 (1) have known　(2) has had〔kept〕

(3) have been　(4) has not

(5) Have, wanted

2 (1) You have〔You've〕 been playing soccer for five years.

(2) Mike has been studying Japanese since last year.

(3) I have〔I've〕 been reading the book for three hours.

(4) My son has been sleeping in his room since last night.

3 (1) How long has Emi had the sweater?

(2) How long have his parents been married?

(3) How long has your brother been watching TV?

4 (1) for, time, haven't

(2) been, since, been　(3) has, For

解説 **1** 主語によって have，has を使い分ける。

(1) know の過去分詞形は known。

(4) 否定文なので，has のあとに not が来る。

(5) 疑問文なので，主語の前に have を置く。

2 (1)「あなたは5年間ずっとサッカーをしていま

す。」

(2) 「マイクは去年からずっと日本語を勉強しています。」

(3) 「私は３時間ずっとその本を読んでいます。」

(4) 「私の息子は昨夜からずっと自分の部屋で眠っています。」

3 「どれくらいの間」や「いつから」といった期間をたずねる疑問文には How long ～ ? を使う。

(1) 「絵美はどれくらいの間そのセーターを持っていますか。」

(2) 「彼の両親は結婚〔けっこん〕してどれくらいですか。」

(3) 「あなたのお兄〔弟〕さんはいつからテレビを見ていますか。」

4 (1) A：あなたたちはこの市に長い間住んでいるのですか。

B：いいえ，長くはありません。私たちは先月こちらに引っ越〔こ〕してきました。

for a long time で「長い間」。

(2) A：翔子〔しょうこ〕は今朝からずっと忙しいですか。

B：はい。彼女は一日中働いています。

(3) A：あなたのお父さんはどれくらいの間その学校で教えていますか。

B：３年間くらいです。

🚨 誤りに気をつけよう

since「～以来」の後ろには文がくることもある。

We have been friends **since 2000**.

「私たちは 2000 年から友人です。」

We have been friends **since we were children**.

「私たちは**子どもの頃〔ころ〕**から友人です。」

＊文と文をつなぐ働きをする語を接続詞（→ p.98）という。

| Step 2 | 解答 | p.48 ～ p.49 |

1 (1) ウ (2) イ (3) イ (4) ア

2 (1) have lived〔been〕, for

(2) been working, since

(3) has been, for

(4) has been, since

3 (1) Mike and Toshi have been in the same club for

(2) I haven't used this computer since

(3) How long has the king been riding

4 (1) have known, for

(2) has been, since

(3) What, been, since

(4) Where have, been

(5) Has, been talking

5 (1) (私には)長い間，息子から便りがありません。

(2) 私の祖母は５年前に亡くなりました。

(3) その少女たちはどれくらいの間ステージで踊〔おど〕っているのですか。

6 (解答例) (1) has lived〔been〕 in Japan, he was ten (years old)

(2) has lived〔been〕 in Japan, four years

解説 **1** (1) 「私は長年のすもうファンです。」

(2) 「あなたは久美と知り合ってどのくらいですか。」

(3) 「あなたは長い間，日本語を勉強しているのですか。」

(4) 「健は今朝から頭痛がしています。」

2 (1) 「日本にいる」と考えて have been でもよい。「私は２年前，日本に来ました。私はまだ日本に住んでいます。」＝「私は２年間，日本に住んでいます。」

(2) 「私の姉〔妹〕は 2010 年にニューヨークで働き始めました。今もそこで働いています。」＝「姉〔妹〕は 2010 年以来，ニューヨークで働いています。」

(3) 「雨が５日間，降っていません。」＝「５日間，晴れています。」

(4) 「トムは昨日，病気になりました。彼は今もまだ病気です。」＝「トムは昨日から病気です。」

3 (3) 「馬に乗る」は ride a horse。

4 (1) 「知り合って 20 年」を「20 年間お互いを知っている」と考える。

(2) raining となっているので，現在完了進行形を使う。

(4) 「どこ」は疑問詞の where を使う。

(5) 動作の継続は，ふつう現在完了進行形で表す。

5 (2) 入試でよく問われる表現。have〔has〕 been dead for ～ で「～の間，ずっと死んでいる」→「～前に亡くなった」という意味になる。

6 (1) 「トムは 10 歳のときからずっと日本に住んで

います。」

(2) 10歳のときに日本に来て，現在14歳なので「4年間」と考える。「トムは4年間ずっと日本に住んでいます。」

⚠ 誤りに気をつけよう

・〈for＋期間を表す語句〉「～の間」
○ for three days「3日間」, for a week「1週間」
× ~~since~~ two years「2年間」
　　　↘ **for**

・〈since＋過去の起点を表す語句〉「～以来」
○ since 1999「1999年から（ずっと）」
× ~~for~~ last week「先週から（ずっと）」
　　　↘ **since**

Step 3　解答　　　　　　　　p.50～p.51

1 (1) エ　(2) エ　(3) イ　(4) エ

2 （下線部が補った語）
(1) Has your sister been looking for the cat since last month?
(2) I have never been to such a dangerous place.
(3) We have been good friends for eight years.

3 (1) has lost　(2) It hasn't
(3) has gone　(4) has heard

4 (1) ① 犬は長い間，私たちのよい友だちです。
② あなたは今までに，犬を飼ったことがありますか。
(2) save〔help, find〕
(3) 毎日犬の世話をすること。
(4) 犬を教育する〔しつける〕こと。犬を健康に保つため毎日散歩に連れて行くこと。犬に話しかけること。

解説 **1** (1) 直前に has があるので，過去分詞を続けて現在完了の文にする。「彼女は3年間，私の息子の世話をよくしてくれています。」
(2) **ago は現在完了の文では使えない**ので過去形を選ぶ。「私は3日前，公園に行きました。」
(3) 「私は昨年以来ずっと，英語を勉強しています。」
(4) **when は現在完了の文では使えない**ので過去形。「あなたとマークはいつ友だちになりましたか。」

2 (1) 「～を探す」は look for ～。疑問文なので has が文頭に来る。
(2) 〈such（＋a〔an〕）＋形容詞＋名詞〉で「こんなに～な…」という意味になる。never が不足。
(3) 「8年前から」→「8年間ずっと」と考える。been が不足。

3 (1) 「彼は時計をなくしました。彼はどこにもそれを見つけることができません。」＝「彼は時計をなくしてしまいました。」
(2) rain を動詞で使うとき，主語は it を使う。It has の短縮形を使って，<u>It's not rained for two weeks.</u> としてもよい。「雨が2週間，降っていません。」現在完了形の否定文で動作の継続の否定を表せる。
(3) 「ダイアナは買い物に行きました。彼女は今，ここにいません。」＝「ダイアナは買い物に行ってしまいました。」
(4) hear from ～＝「～から便りがある」「ナンシーは3か月間，だれにも手紙を書いていません。」＝「だれも3か月間，ナンシーから便りをもらっていません。」

4 (2) 直後に「地震のあと建物の下の人を」と続くので，save「救う」，help「助ける」，find「見つける」などが適切。
(3) 直前の I will take care of a dog every day. をさす。
(4) 4段落，5段落，6段落でそれぞれ述べられている。
《日本語訳》
　犬は長い間，私たちのよい友だちです。人々は約6,000年前に犬を飼い始めたと言われています。人々は犬をさまざまな方法で用います。例えば，家を見張るため，動物を狩るため，ときには荷物を運ぶためなどです。人々はまた，地震のあとに建物の下の人々を救うために犬を用います。犬は目の不自由な人々の目にもなれるのです。
　今日，多くの人々がペットとして犬を飼っています。あなたは今までに，犬を飼ったことがありますか。子どもたちはよく犬を手に入れたがります。彼らは両親に「ぼくが毎日，犬の世話をするよ。」と言います。しかし，犬を手に入れたあとは，これを実行しない子どもたちもいます。
　犬を飼うとき，実行すべき重要なことがたくさんあります。それらのいくつかを挙げます。
　第1に，あなたは犬に例えば，「来い」，「座れ」，

「そのまま」などを教える必要があります。若い犬はこれらを簡単に覚えます。

　第2に，あなたは犬を健康に保つために毎日散歩に連れて行く必要があります。犬と散歩に行くときは犬をひもにつなぐべきです。なぜなら犬が好きでない人もいるからです。

　第3に，あなたは犬に話しかける必要があります。犬はあなたの家族の一員であることを覚えておいてください。例えば，犬と遊んだり散歩したりするときに「おりこうだね」と言うべきです。あなたがそうすれば，犬は喜ぶでしょう。

　もしあなたがこれらの3つのことを実行するなら，あなたも犬も両方が生活を楽しめます。そして，最高の友だちにもなれるでしょう。

🚨 誤りに気をつけよう

　When ～? の疑問文では現在完了は使えない。**When ～?** は過去のある時点を問題にする表現で，現在の状況と関係する表現の現在完了とは矛盾するからである。
　現在の状況と関係のある「いつから」とたずねたいときは，**How long ～?** を使えばよい。

6　不定詞の3用法

Step 1　解答　　p.52～p.53

1 (1) イ　(2) ウ　(3) イ　(4) ウ　(5) ウ

2 (1) to visit　(2) To play　(3) to see〔meet〕
　(4) to study　(5) to help

3 (1) すべきことがたくさんありました
　(2) あなたに会えて幸せ〔うれしい〕です
　(3) 何になりたいですか
　(4) 本を読むためです

4 (1) no house to live in　(2) something hot to

解説 **1** 不定詞は〈to ＋動詞の原形〉で表すので，必ず to の後ろに動詞の原形がくる。
2 (1)(4) 形容詞的用法　(2) 名詞的用法　(3)(5) 副詞的用法
3 (3) to become ～ が want の目的語になっている。
4 (2)〈something ＋形容詞〉を不定詞の形容詞的用法でさらに修飾する場合，〈**something ＋形容詞＋to ～**〉という語順になる。

🚨 誤りに気をつけよう

　不定詞の形容詞的用法で連語を使った表現をいくつか覚えておこう。
a house to live in
「住む家（＝住むための家）」
something to write with
「筆記用具（＝書くためのもの）」
a friend to play with
「遊び友だち（＝いっしょに遊ぶ友だち）」
a chair to sit on
「座るいす（＝座るためのいす）」

Step 2　解答　　p.54～p.55

1 (1) To take　(2) to do　(3) to hear　(4) to live

2 (1) ウ　(2) イ　(3) ア

3 (1) あなたは将来，何になりたいですか。
　(2) 多くの外国の人が京都を訪れるために日本に来ます。
　(3) トムはあなたを見て〔に会って〕驚きましたか。
　(4) 私はその本を買うお金がありません。
　(5) 彼が最初に月面を歩いた人でした。
　(6) 次の日曜日に，私と買い物に行きませんか。

4 (1) homework to do　(2) to read
　(3) Don't, to close

5 (1) no friends to play with
　(2) happy to meet my favorite singer
　(3) not find anything to eat
　(4) To swim in this river is
　(5) early to catch the first train
　(6) began to wash his car

6 (解答例) (1) is to be〔become〕a singer
　(2) wants〔hopes / wishes〕to be〔become〕
　(3) be〔become〕a singer is

解説 **1** (1)(4) 名詞的用法　(2) 形容詞的用法　(3) 副詞的用法(理由)
2 (1) 名詞的用法。「私はカナダに住みたい。」
　ウ「私は銀行で働き始めました。」
(2) 副詞的用法。「健はテニスをするために公園に行きました。」　イ「あなたはスミスさんに会うためにここに来たのですか。」
(3) 形容詞的用法。「私は何か飲むものが欲しい。」

19

ア「私はあなたに見せるべきすばらしい写真を持っています。」

3 (6) Would you like to ～？「～なさいませんか。」

4 (1)「私は今日たくさんの宿題をする必要があります。」＝「私には今日すべき宿題がたくさんあります。」

(2)「彼はその手紙を読んだとき怒りました。」＝「彼はその手紙を読んで怒りました。」

(3)「夜に窓を閉めるのを覚えておきなさい。」＝「夜に窓を閉めるのを忘れてはいけません。」

5 (1)「彼女はいっしょに遊ぶ友だちがいません。」

(2)「私は大好きな歌手に会ってうれしい。」

(3)「私たちは台所で食べるものを何も見つけることができませんでした。」

(4)「この川で泳ぐことは危険です。」

(5)「私たちは始発の電車に乗るために早起きしました。」

(6)「私の父は車を洗い始めました。」

6 名詞的用法の不定詞を(1)補語，(2)目的語，(3)主語にして似たような内容を表現することができる。

誤りに気をつけよう

something〔anything，nothing〕の前に形容詞をおくことはできない。something などを形容詞と不定詞の2つが修飾するときは，必ず〈**something**＋形容詞＋不定詞〉の語順になる。

× **cold** something to drink
× something to drink **cold**
○ something **cold** to drink
「何か冷たい飲み物」

7　いろいろな不定詞

Step 1　解答　　　　　　　　p.56 ～ p.57

1 (1) want, to　(2) asked, to　(3) would, to
2 (1) lets, use　(2) helped, make
3 (1) how to cook this fish
　(2) what to do
　(3) where to play baseball
　(4) which book to read
4 (1) It　(2) for　(3) of
5 (1) あまりに熱すぎて飲めません
　(2) 泳げるほどじゅうぶん暖かいです

解説　**1**　(3) would like は want のていねいな言い方。

2　(1) 〈let ＋人＋動詞の原形〉になる。

(2) 〈help ＋人〉のあとには，to 不定詞が来ることもあるが，ここでは1語なので動詞の原形を用いる。

3　〈疑問詞＋ to ～〉は「疑問詞の意味＋～すべきか」という意味になる。

(4)「どの本」なので，which book をひとかたまりとして用いる。

4　(3) 人の性質を表す形容詞の kind なので for ではなく of になる。

誤りに気をつけよう

〈It is ...(for ＋人) to ～〉の文で，kind などの人の性質を表す形容詞のとき，不定詞の意味上の主語は〈for ＋人〉ではなく〈**of ＋人**〉になる。

It is kind ~~for~~ you to help me.
　　　　　of

＊同様の形をとる形容詞は，careless，clever，foolish，kind，nice など

Step 2　解答　　　　　　　　p.58 ～ p.59

1 (1) necessary for Jane to study
　(2) told us to be quiet
　(3) didn't let me play
　(4) too hot to sleep
　(5) how to ride a bike
2 (1) エ　(2) ア　(3) エ　(4) ウ　(5) エ
3 (1) お年寄りに親切にすることはとても大切です。
　(2) この本はあまりに難しくて私には読めません。
　(3) 数学を教えてくれるように彼に頼んだらどうですか。
4 (1) you to come
　(2) helped her brother do
　(3) what to cook〔make〕
　(4) kind enough to
　(5) interesting for you to
5 (1) how to　(2) It, to　(3) Let, see
　(4) to read　(5) too, to
6 (解答例) (1) tell〔show〕me how to get〔go〕

to the station

(2) me how to get〔go〕to the station

<hr>

解説 **1** (1)〈for ＋人〉は〈to ＋動詞の原形〉の前に置く。「ジェーンは一生懸命(いっしょうけんめい)勉強する必要があります。」

(2)「私の父は私たちに静かにするように言いました。」

(3)「私の姉〔妹〕は私に彼女のギターを弾かせてくれませんでした。」

(4)「この部屋はあまりに暑すぎて眠れません。」

(5)「私のおじは私に自転車の乗り方を教えてくれました。」

2 (1)「野球をするのは面白い。」

(2)「いつ出発すればいいかあなたは知っていますか。」

(3)〈make ＋人＋動詞の原形〉で「人に～させる」。「健は友達を公園で１時間待たせました。」

(4)「どのバスに乗ればいいか私に教えてください。」

(5)「私にとって英語で手紙を書くことは簡単ではありません。」

3 (2) too ... for － to ～「あまりに…すぎて－には～できない」

(3) Why don't you ～？「～してはどうですか。」

4 (4)「親切にも～する」を「～するくらいじゅうぶんに親切だ」＝be kind enough to ～と考える。

5 (1)「あなたはこのコンピュータを使えますか。」＝「あなたはこのコンピュータの使い方を知っていますか。」

(2)「インターネットを使うことはとても興味深い。」

(3) show A B「A を B に見せる」は let A see B「A を B に見させる〔見ることを許す〕」に書き換える(か)ことができる。「あなたのノートを私に見せて。」

(4)「私は１日でこの本を読むことができません。」＝「私がこの本を１日で読むことは不可能です。」

(5) **too ... to ～**は〈**so ... that**＋主語＋**can't** ～〉で言いかえられる。「私はとても疲れていたのであまり眠れませんでした。」

6 how to get〔go〕to ～の代わりに，the way to ～としてもよい。

(1)「その外国人は，『駅への行き方を教えてください』と私に言いました。」

(2)「その外国人は私に，駅への行き方をたずねました。」

<hr>

🚨 **誤りに気をつけよう**

〈so ... that ＋主語＋ can't ～〉は「とても…なので～できない」という意味で，too ... to ～「あまりに…なので～できない」と置きかえられる。ただし文の構造がかわるので注意しよう。

This tea is **too** hot for me **to** drink ̶i̶t̶.

⬇ 置きかえ → 不要

This tea is **so** hot **that I can't** drink it.

↘ 必要

<hr>

🚨 **誤りに気をつけよう**

enough は形容詞や副詞だけでなく名詞を修飾することもできる。ただし enough は修飾する品詞によって置く位置が異なるので注意しよう。

・形容詞→後ろから修飾する

He is rich **enough** to buy a big house.

「彼は大きな家が買えるくらいお金持ちです。」

・名詞→前から修飾する

He has **enough** money to buy a big house.

「彼は大きな家を買えるくらいお金があります。」

8 現在分詞・過去分詞の基本

Step 1 解答　　　　　　　　p.60 ～ p.61

1 (1) sleeping　(2) broken　(3) crying

(4) flying　(5) closed　(6) smiling　(7) used

2 (1) ① exciting　② excited

(2) ① interested　② interesting

3 (1) running　(2) used

4 (1) ① これは壊された〔壊れた〕自転車です。

② 私の兄〔弟〕はこの自転車を壊してしまいました。

③ この自転車は私の兄〔弟〕によって壊されました。

(2) ① その読書している男性は私のおじです。

② 私のおじは向こうで本を読んでいます。

③ よい本を読むことは大切です。

<hr>

解説 **2** (1) game「試合」は「わくわくさせる」ほうなので現在分詞から，people「人々」は「わくわくさせられる」ほうなので過去分詞から，それぞ

れ作られた形容詞を入れる。

3 (1)「その男性は私の父です。彼は走っています。」
＝「その走っている男性は私の父です。」

(2)「これはＴシャツです。それは使われたもの〔古着〕
です。」→「これは使われた〔古着の〕Ｔシャツです。」

4 (1)① 分詞が名詞を修飾する文。　② 現在完了の
文。③ 受け身形の文。

(2)① 分詞が名詞を修飾する文。　② 現在進行形の文。
③ 動名詞の文。

誤りに気をつけよう

exciting などの分詞をもとに作られた形容詞
の形は，修飾する名詞によって決まる。修飾す
る名詞が「もの・こと」の場合 -ing，修飾する
名詞が「人」の場合 -ed になることが多いが，
次のような例外もあるので注意する。

He is an exciting player.「彼はわくわくさせ
る選手だ。」

Step 2	解答	p.62 ～ p.63

1 (1) skiing　(2) baked　(3) cooking
(4) moved　(5) singing

2 (1) painted　(2) walking
(3) surprised　(4) interested
(5) exciting　(6) driving, used

3 (1) broken　(2) sleeping
(3) interesting　(4) excited

4 (1) is that smiling girl
(2) This letter was written by
(3) interested in painting a picture
(4) the movie was exciting

5 (1)① その少年は泳いでいますか。
② その泳いでいる少年はあなたの兄〔弟〕です
か。
③ その少年は泳ぐこと〔水泳〕が好きですか。
(2)① その洗われた車はビルのです。
② その車はビルによって洗われます。
③ ビルはちょうど（自分の）車を洗ったところ
です。

6 (解答例) (1) running　(2) walking

解説 **1** (1)「あのスキーをしている少年はかっこ
いいです。」

(2)「この焼かれたクッキーはいかがですか。」

(3) 現在進行形の文「あなたのお母さんは台所で料理を
していますか。」

(4) 受け身の文「その机は私の兄〔弟〕によって移動され
ました。」

(5)「木にさえずっている鳥が何羽かいました。」

2 (3)(4) surprised at ～「～に驚く」, interested in
～「～に興味がある」のように，分詞から作られた
形容詞は特定の前置詞と結びついて用いられること
が多い。

3 (1)「私はショックを受けました。その窓は割れて
いました。」＝「私は割れた窓にショックを受けまし
た。」

(2)「猫が１匹います。それは眠っています。」＝「眠って
いる猫が１匹います。」

(3)「私はその映画に興味があります。」＝「その映画は私
にとって興味深いです。」

(4)「そのコンサートは私たちにとってわくわくするも
のでした」＝「私たちはそのコンサートにわくわくし
ました。」

4 (3) painting a picture「絵を描くこと」は動名詞
の用法。

(4) think のあとに that を補うことができる。

5 (1)① 現在進行形の文。　② 分詞が名詞を修飾す
る文。　③ 動名詞の文。

(2)① 分詞が名詞を修飾する文。　② 受け身形の文。
③ 現在完了の文。

6 イラストの人物の動作を１語の動詞（分詞）で表す。

誤りに気をつけよう

分詞が名詞を修飾する場合と，be 動詞と結び
ついて進行形や受け身をつくる場合とでは，意
味は似ているが正確な意味は異なるので注意し
よう。とくに疑問文などで be 動詞の位置が変わ
っている場合は，平叙文の位置に be 動詞を戻し
て考えるとよい。

Is the boy swimming?
→ The boy **is** swimming.「その少年は泳いで
います。」（進行形）

Is the swimming boy Tom?
→ The swimming boy **is** Tom.「その泳いで
いる少年はトムです。」（名詞を修飾）

9 分詞の位置

Step 1 解答　　　　　　　　　p.64 ～ p.65

1 (1) painted　(2) running　(3) talking
　　(4) spoken　(5) played
2 (1) playing　(2) loved　(3) dancing
　　(4) swimming　(5) taken
3 (1) ① その歌っている少女はユキです。
　　② 友達と話している(その)少女はユキです。
　　(2) ① そのスポーツは多くの国で愛されています。
　　② これは多くの国で愛されているスポーツです。
4 (1) is a movie made in 1999
　　(2) story told by him is
　　(3) the man sitting at the desk

解説　**1**　すべて名詞を後ろから修飾する分詞の用法(後置修飾)なので，直前の語に対して「～している」の関係か「～された，～されている」の関係かを考える。
(4) speak の過去分詞は spoken。
2 (5) take の過去分詞は taken。
3 (1) ① 分詞が名詞を前から修飾する文。　② 分詞が名詞を後ろから修飾する文。
(2) ① 受け身形の文。　② 分詞が名詞を後ろから修飾する文。
4 (1)「これは 1999 年に作られた映画です。」
(2)「彼によって話された物語はとても奇妙です。」
(3)「その席に座っている男の人はだれですか。」

🚨 誤りに気をつけよう

〈名詞＋分詞〉で現在分詞か過去分詞のどちらを使うべきかで迷うときは，名詞と分詞の間に be 動詞を入れて考えればよい。
the boy(writing, written) English
「その男の子」＝「英語を書いている」
○ the boy **is writing English**
× the boy is written English
the book(writing, written) in English
「その本」＝「英語で書かれている」
○ the book **is written in English**
× the book is writing in English

Step 2 解答　　　　　　　　　p.66 ～ p.67

1 (1) speaking　(2) written　(3) made
　　(4) drawing
2 (1) loved by
　　(2) reading a newspaper
　　(3) waiting for　(4) used〔spoken〕as
　　(5) made in　(6) known to
3 (1) aunt living　(2) playing, is
　　(3) caught by　(4) visited by
　　(5) bridge called
4 (1) baby sleeping in the bed
　　(2) camera made in Japan
　　(3) man reading an English book
　　(4) story told by my teacher
5 (1) バスを追いかけている男の子が見えますか。
　　(2) 私は 100 年前に建てられたホテルに泊まるつもりです。
　　(3) あなたは空を飛んでいる鳥の名前を知っていますか。
　　(4) 木の下で横になっている男の子は私の兄〔弟〕です。
　　(5) たくさんの雪で覆われたあの山は富士山です。
6 (解答例) (1) is the boy eating
　　(2) is the food〔thing〕eaten

解説　**1** (1)「スミスさんに話しかけている女の子を見なさい。」
(2)「これは有名な作家によって書かれた本です。」
(3)「ドイツ製のこのコンピュータはとても高価です。」
(4)「絵を描いている女の子は私の姉〔妹〕です。」
2 (4)「～として」＝as
(6)「～に知られている」は(be) known to ～。
3 (1)「私にはおばがいます。彼女はロンドンに住んでいます。」＝「私にはロンドンに住んでいるおばがいます。」
(2)「私の姉〔妹〕はメアリーとテニスをしています。」＝「メアリーとテニスをしている女の子は私の姉〔妹〕です。」
(3)「太郎は昨日，この大きな魚を捕まえました。」＝「これは太郎によって昨日捕まえられた大きな魚です。」
(4)「多くの人々が毎年春にこの公園を訪れます。」＝「ここは毎年春に多くの人によって訪れられる公園で

23

す。」

(5)「この橋は『レインボーブリッジ』と呼ばれています。」＝「これは『レインボーブリッジ』と呼ばれている橋です。」

4 (1)「ベッドで眠っている赤ちゃんは1歳です。」

(2)「私の父は私に日本製のカメラを買ってくれました。」

(3)「英語の本を読んでいる男性を見なさい。」

(4)「私の先生によって話された物語はとても面白かったです。」

5 (4) lying は lie ＝「横たわる」の現在分詞。

6 (1)「何か食べている男の子はだれですか。」

(2)「その男の子が食べているものは何ですか。」

☎ 誤りに気をつけよう

分詞を含む語句が，直前の名詞を修飾するとき，分詞の前に be 動詞を入れないように注意しよう。

The boy ~~is~~ playing tennis is Tom.
↘ 不要

Step 3 解答　　　　　　　　　p.68 ～ p.69

1 (1) nothing to　(2) taken by
(3) lying on

2 (1) difficult for her to read this book
(2) post office to buy some stamps
(3) helped you prepare for the school trip
(4) The student reading a book over there is Mary.
(5) The police went into the room through the broken window.

3 (1) The〔That〕shop〔store〕is popular for the cake made with special sugar.
(2) Our〔The〕teacher told us to keep a diary every day.

4 (1) a interesting　b interesting
c interested
(2) about buildings built in a hot country
(3) A used　B to use〔of using〕
(4) 私が子どものころ，祖母がそれをする方法〔それのやり方〕を私に教えてくれました。

解説　**1** (1)「トムは昨日，何も食べるものを持っ

ていませんでした。」

(2)「私の兄〔弟〕は北海道で写真を撮りました。これはその中の1枚です。」＝「これは，北海道で私の兄〔弟〕に撮られた写真です。」

(3)「その少年は芝生（しばふ）の上で寝ていました。彼らは彼に話しかけました。」＝「彼らは，芝生の上で寝ている少年に話しかけました。」

2 (3) prepare for ～「～の準備をする」

(5) go into ～「～に入っていく」

3 (1) be popular for ～「～で人気がある」

(2) our teacher は the teacher などでもよい。

4 (1) a 直後の article を修飾するので「興味深い」。
c be interested in ～「～に興味がある」

(2) about ～「～についての」，buildings built in ～「～に建てられた建物」

(3) A The art が主語の be 動詞の文なので，文意を考えて，過去分詞を続けて受け身形にする。
B 直前の a wonderful way を修飾する不定詞，または〈of ＋動名詞〉の形にする。

(4)〈how to ～〉で「～する方法，～のしかた」。

《日本語訳》

アヤは中学生です。今，彼女は学校で ALT のホワイト先生と話しています。

ホワイト先生（以下先生）
：私は新聞で面白い記事を読みました。

アヤ：何て書いてあったんですか。

先生：そうですねえ，それは，暑い国に建てられた建物と日本の折り紙技術についての記事でした。その技術は建物に使われています。その記事を読みましたか。

アヤ：いいえ，読んでいません。

先生：暑い国では，光と熱は大きな問題です。ですから，人々は，建物の窓の上に面白いパネルを作り出すために，日本の折り紙技術を使います。

アヤ：本当ですか。そのパネルは何をするのですか。

先生：ええとですね，建物の窓の上にたくさんのパネルがあるんです。それは太陽からの光と熱を制御（せいぎょ）することができます。光がとても強いときには，それが傘（かさ）のように開かれて，建物が熱くならないようにします。光が強くないときに，それらはたたまれて，建物は太陽からじゅうぶんな光を受けます。

アヤ：それは折り紙技術を使うすばらしい方法です。

先生：私もそう思います。アヤ，あなたは折り紙を作れますか。

アヤ：もちろん，できます。私は折り紙を作るのが好きです。私は子どものころ祖母にそのやり方を教わりました。私は兄〔弟〕とたくさんの折り紙のものを作りました。私は兄〔弟〕よりうまく作りました。

先生：私は一度も作ったことがありませんが，それに興味があります。

🚨 誤りに気をつけよう

1 (3) の lay は「横たわる，横になる」という意味の動詞 lie の過去形である。lay は，同じつづりで「～を置く，横たえる」という意味の別の動詞の原形にもなり，混同しやすいので注意しよう。

---

10 関係代名詞（主格・目的格）

Step 1 解答　　　　　　　　　p.70～p.71

1 (1) who　(2) which　(3) who　(4) which
　　(5) that　(6) are

2 (1) which〔that〕　(2) that　(3) that
　　(4) which〔that〕　(5) which〔that〕　(6) that

3 (1) a store which opened
　　(2) a boy who studies
　　(3) which Emi is wearing
　　(4) the man that you

4 (1) 私たちは長い耳をした犬が欲しいです。
　　(2) 本を読んでいる女の子は私の姉〔妹〕です。
　　(3) 私がパーティーに招いた人々は来ませんでした。
　　(4) トムは彼がロンドンで撮った写真を私たちに見せました。

解説 **1** (1)(3) 先行詞が「人」なので **who**。

(2)(4) 先行詞が「ものや動物」なので **which**。

(5) 先行詞が「もの」なので，「人」・「もの」のいずれにも使える **that**。

(1)「私は英語を話すことができる女の子を知っています。」

(2)「これらは日本で人気のある本です。」

---

(3)「ジョンには大学に通う息子がいます。」

(4)「ソファで眠っている猫は私のものです。」

(5)「これは福岡に行く列車ですか。」

(6)「通りを歩いている男の子たちを知っていますか。」

2 すべて目的格の関係代名詞が入る。

(1) 先行詞は the picture で「もの」。「これは，私が昨日描いた絵です。」

(2) 先行詞は a doctor で「人」。「彼は私たちがよく知っている医者です。」

(3) 先行詞は The boy で「人」。「私が英語を教えた男の子は健でした。」

(4) 先行詞は the dog で「動物」。「これが，彼が大好きな犬ですか。」

(5) 先行詞は The books で「もの」。「彼女が書いた本は面白いです。」

(6) 先行詞は the man で「人」。「あちらがあなたが図書館で会った男性ですか。」

3 関係代名詞は先行詞を後ろから修飾するので，必ず「**先行詞＋関係代名詞**」の語順になる。

4 (1) 先行詞は a dog で，これを which has long ears が修飾している。

(2) 先行詞は The girl で，これを who is reading a book が修飾している。

(3) 先行詞は The people で，これを that I invited to the party が修飾している。

(4) 先行詞は the pictures で，これを which he took in London が修飾している。

🚨 誤りに気をつけよう

固有名詞（人の名前や地名など）にはふつう関係代名詞を含む語句は続かない。

The girl is Yumi.　＋　She likes dogs.

× The girl is ~~Yumi who~~ likes dogs.

○ The girl who likes dogs is Yumi.

「犬が好きな女の子は由美です。」

Step 2 解答　　　　　　　　　p.72～p.73

1 (1) which〔that〕 were　(2) girl who〔that〕 is
　　(3) that I helped　(4) which〔that〕 you found

2 (1) She lives in a big house which〔that〕 has a beautiful garden.
　　(2) The game which〔that〕 we watched at the

stadium was very exciting.

(3) The girl who〔that〕is helping her teacher is Mary.

3 (1) dictionary which I borrowed from you

(2) the library which was built last year

(3) man that you can see over there

4 (1) which〔that〕, made　(2) who〔that〕has

(3) which〔that〕, read

5 (1) この大きな家に住んでいる男の人はブラウンさんです。

(2) 彼は私が10年間〔10年前から〕知っている男の子です。

(3) 私は，おばが先週私にくれたバッグをなくしてしまいました。

6 (1) teacher　(2) Winter　(3) kitchen

(4) dictionary　(5) musician

7 (解答例) (1) who〔that〕is playing tennis (in the park)

(2) who〔that〕is reading a book (on the bench) / who〔that〕is sitting on the bench

---

解説　**1** (1) 先行詞 The pictures は「もの」で，主格なので，関係代名詞は which または that を使う。先行詞が複数で，時制が過去なので関係代名詞のあとの be 動詞は were となる。

(2) まず動詞 see のあとに目的語になる the girl を置き，そのあとに関係代名詞を続ける。先行詞 the girl は「人」で，主格なので，関係代名詞は who または that を使う。

(3) 先行詞 the woman は「人」で，目的格なので，関係代名詞は that を使う。

(4) 先行詞 The white cat は「動物」で，目的格なので，関係代名詞は which または that を使う。

2 (1) 先行詞は a big house で，It が関係代名詞に置きかわる。「彼女は美しい庭のある大きな家に住んでいます。」

(2) 先行詞は The game で，it が関係代名詞に置きかわる。「私たちがスタジアムで見た試合はとてもわくわくしました。」

(3) 先行詞は The girl で，She が関係代名詞に置きかわる。「先生を手伝っている女の子はメアリーです。」

3 (1) (3) 目的格の関係代名詞の文は〈先行詞＋関係代名詞＋主語＋動詞〉の語順になる。

(2) 主格の関係代名詞の文は〈先行詞＋関係代名詞＋動詞〉の語順になる。

4 (1) 過去分詞の文と関係代名詞の文の書きかえ。過去分詞の made は現在（作られる）と過去（作られた）の両方の意味があるが，あとの be 動詞が were と過去形なので，ここでは「作られた」の意味とわかる。「私の祖母が作った食事はとてもおいしかったです。」

(2) with ～「～を持った，～をした」と〈主格の関係代名詞＋have〔has〕〉の書きかえ。「朋子は茶色の目をした女の子です。」

(3) 関係代名詞を使って2文を1文にする。書きかえた文では，book「本」が1つに限定されるので冠詞が the になっている。「私は昨日本を読みました。それは日本で人気があります。」＝「私が昨日読んだ本は日本で人気があります。」

5 関係代名詞の後ろの部分が先行詞を修飾するように訳す。

(1) 「この大きな家に住んでいる」→「男の人」

(2) 「私が10年間〔10年前から〕知っている」→「男の子」

(3) 「おばが先週私にくれた」→「バッグ」

6 (1) 「先生とは学校で教える人です。」

(2) 「冬とは春の前に来る季節です。」

(3) 「台所とは料理のために使われる部屋です。」

(4) 「辞書とは単語の意味を教えてくれる本です。」

(5) 「音楽家とは音楽を演奏する人です。」

7 「人」が先行詞で，関係代名詞が主格になるので，who または that を使って文をつなげる。

(1) 「(公園で)テニスをしている少年は健です。」

(2) 「(ベンチで)本を読んでいる〔ベンチに座っている〕少女はミキです。」

⚠ 誤りに気をつけよう

関係代名詞は分詞で書きかえられることがあるが，関係代名詞の文では be 動詞が必要になるので注意しよう。

× The boy is playing the piano is Mike.
　　　　↘不要

○ The boy **who is playing** the piano is Mike.
「ピアノを弾いている男の子はマイクです。」

11 いろいろな関係代名詞

1 (1) あなたはその店に入って行った猫と女性を見ましたか。

(2) あなたは私が信頼できる唯一の友だちです。

(3) 私の父が今まで訪れたことのある最大の都市はロンドンです。

(4) これはその有名な作家が書いた最初の小説です。

2 (1) × (2) ○ (3) × (4) ○ (5) ×

(6) ○ (7) ○

3 (1) This is the CD Ken bought yesterday.

(2) The cake my aunt made was delicious.

(3) There are some pictures I took in the park.

(4) The boy Mika likes lives near my house.

4 (1) the watch Tom has wanted

(2) The language they speak is Spanish.

(3) anything I can do

解説 **2** (1)(3)(5) は主格の関係代名詞なので省略できない。

(1) 「彼女は私を助けてくれた女性です。」

(2) 「美紀が散歩させている犬はかわいいです。」

(3) 「彼には医者の兄〔弟〕がいます。」

(4) 「これはあなたがなくしたかばんですか。」

(5) 「向こうで立っている男性は私たちの先生です。」

(6) 「私たちが昨日見た映画はわくわくさせるものでした。」

(7) 「これは私の祖母が私にくれた自転車です。」

3 (1) 「これは CD です。健が昨日それを買いました。」→「これは健が昨日買った CD です。」

(2) 「そのケーキはおいしかったです。私のおばがそれを作りました。」→「私のおばが作ったケーキはおいしかったです。」

(3) 「何枚か写真があります。私はそれらを公園で撮りました。」→「私が公園で撮った何枚かの写真があります。」

(4) 「その男の子は私の家の近くに住んでいます。ミカは彼のことが好きです。」→「ミカが好きな男の子は，私の家の近くに住んでいます。」

4 (1) the watch と Tom の間に関係代名詞 which ま

たは that を補うこともできる。

(2) The language と they の間に関係代名詞 which または that を補うこともできる。

(3) anything の後の関係代名詞は that が用いられるか，省略されることが多い。

⚠ 誤りに気をつけよう

関係代名詞や接触節を用いて2文を1文にするときは，2文目の中で，先行詞を指す代名詞を書かないように注意しよう。

This is the dog that〔which〕I have had for a long time.

× This is the dog that〔which〕I have had **it** for a long time.

---

1 (1) that we (2) that are

(3) that I (4) that〔who〕went

2 (1) This is a shirt which〔that〕my mother made.

(2) Please show me some pictures which〔that〕you took in Okinawa.

(3) The people that we met there were very kind to us.

(4) I like the cat which〔that〕Mami has.

3 (1) we call (2) I read

(3) we saw (4) they sang

4 (1) Ken is a boy everyone likes.

(2) The man who〔that〕is standing over there teaches us music.

(3) The library we visited yesterday was large.

(4) These are the pictures I drew last year.

5 (1) All you have to do

(2) is the computer my father uses

(3) the festival that you joined

(4) an e-mail that was written by Mari

6 (解答例) (1) (that〔which〕) you use

(2) (that〔which〕) you have〔eat〕

解説 **2** (1) 「これは私の母が作ったシャツです。」

(2) 「あなたが沖縄で撮った写真を何枚か私に見せてください。」

27

(3)「そこで私たちが会った人々は私たちにとても親切
でした。」

(4)「私はマミが飼っている猫が好きです。」

3 (1)「彼は少年です。私たちは彼をケンと呼びま
す。」＝「彼は私たちがケンと呼ぶ少年です。」

(2)「その本は面白かったです。私はそれを昨日読みま
した。」＝「私が昨日読んだ本は面白かったです。」

(3)「その男性は私たちの先生です。私たちはその店の
前で彼に会いました。」＝「私たちがその店の前で会
った男性は私たちの先生です。」

(4)「それは彼らが私たちに歌ってくれた歌です。」

4 (1)「ケンは少年です。みんな彼が好きです。」→「ケ
ンはみんなが好きな少年です。」

(2)「その男性は私たちに音楽を教えます。彼は向こう
に立っています。」→「向こうに立っている男性は私
たちに音楽を教えます。」

(3)「その図書館は大きかったです。私たちはそれを昨
日訪れました。」→「私たちが昨日訪れた図書館は大
きかったです。」

(4)「これらは絵です。私が昨年それらを描きました。」
→「これらは私が昨年描いた絵です。」

5 (1) all you have to do は all と you の間に関係代
名詞を補って考え，直訳すると「あなたがしなけれ
ばならないすべてのことは」という意味になる。

6 (1)「ペン：それはあなたが何か書きたいときに使
うものです。」

(2)「朝食：それはあなたが朝に食べる食事です。」

┌─────────────────────────────────┐
│ 🔔 **誤りに気をつけよう** │
│ │
│ 先行詞はふつう関係代名詞の直前に置かれる │
│ が，まれに関係代名詞と離(はな)れて置かれることも │
│ ある。 │
│ He is **a student** in my class **who(that)** is │
│ from Kanagawa. │
│ 「彼は神奈川出身の私のクラスの生徒です。」 │
│ 先行詞は a student である。 │
└─────────────────────────────────┘

12 仮 定 法

Step 1	解答	p.78 ～ p.79

1 (1) ウ (2) イ (3) イ (4) ア (5) ウ

2 (1) had (2) were (3) lived (4) could run

3 (1) Would (2) Would
(3) Could (4) Would

4 (1) ① will help ② would help
(2) ① can ② could

解説 **1** if の節の動詞を見て主節の助動詞の時制
を判断，あるいは主節の助動詞を見て if の節の動詞
の時制を判断する。ここではすべて仮定法過去にな
っているので，if の節の動詞は過去形，主節は〈助
動詞の過去形＋動詞の原形〉の形にする。

(1)「もし晴れたら，私たちはハイキングに行くのに。」

(2)「もし彼の E メールアドレスを知っていたら，私は
彼に E メールを送ることができるのに。」

(3)「もし私に兄弟がいたら，私はさびしくないのに。」

(4)「もし彼女が映画が好きだったら，私は彼女にこの
DVD をあげるのに。」

(5)「もし彼が若かったら，彼はもう一度その山に登る
ことができるだろうに。」

2 現在の事実に反する願望なので，仮定法過去で表
す。

(1) have「持っている」の過去形を使う。

(2) 仮定法過去では be 動詞は主語にかかわらず原則
were を使う。

(3) live「住んでいる」の過去形を使う。

(4)「走れたら」には「～できれば」の意が含まれるの
で could を使う。

3 (1)(3) ていねいな依頼(いらい)。

(2) ていねいな申し出。

(4) ていねいな提案。

4 (1) ① 実現可能な条件を表す文。 ② 実現困難な
仮定を表す文。

(2) ① hope は通常，実現可能な願望を表す。
② wish は実現困難な願望を表す。

┌─────────────────────────────────┐
│ 🔔 **誤りに気をつけよう** │
│ │
│ 仮定法過去は，一部の例外を除いて〈**If ＋主語** │
│ **＋動詞の過去形，主語＋助動詞の過去形＋動詞** │
│ **の原形～ .**〉の形になる。「助動詞の過去形」は主 │
│ 節(if のついていない節)につくので注意しよう。 │
│ If I had a lot of time, I would read this novel. │
│ × If I would have a lot of time, I read this │
│ novel. │
└─────────────────────────────────┘

Step 2　解答　p.80〜p.81

1 (1) were　(2) could　(3) came　(4) met

2 (1) if, weren't
(2) Would〔Could〕you
(3) wish, knew
(4) would be

3 (1) If I were you, I would not do
(2) wish I had a new computer
(3) What would you do if you were
(4) there were no water, no creature could live

4 (1) 私にもっと時間があればいいのに。
(2) パーティーに参加されてはいかがですか。
(3) 私が魚だったら，海を泳いで渡るのに。
(4) あなたの息子さんはもっと熱心に勉強すれば，その大学に入学できるのに。
(5) 世界に戦争がなければ，私たちはより幸せだろうに。

5 (1) could sing
(2) were, would go
(3) weren't, wouldn't have
(4) he were

6 (解答例)(1) I hope (that) it is〔will be〕sunny〔fine〕tomorrow.
(2) I wish it were sunny〔fine〕tomorrow.

解説 **1** (1)「もし私がお金持ちだったら，あなたが欲しいものを何でも買ってあげることができるのに。」
(2)「私の猫と話すことができたらいいのに。」
(3)「もしあなたがもっと早く来るなら，そのショーを見ることができるのに。」
(4) if の節が主節のあとに来ている形。「もしあなたが宇宙人に会ったらどうしますか。」

2 (1) if の節が主節のあとに来ている形。if の節は否定文になっている。
(2) ていねいな依頼。
(3) 現実に反する願望。
(4) 仮定法過去の主節は〈助動詞の過去形＋動詞の原形〉。

3 (3) What would you do「あなたはどうしますか」を文の前半に置く。
(4) 文の前半は there is no water「水がない」を仮定法過去にした形。

4 (2) ていねいな提案。
(4) 現実は，話し手が「あなたの息子はその大学への入学が難しい」と思っていることを暗に示している。
(5) 現実は，話し手が「世界から戦争がなくならない」と思っていることを暗に示している。

5 (1)「あなたがこの歌を知らないので，私たちはいっしょにそれを歌うことができません。」＝「もしあなたがこの歌を知っていたら，私たちはいっしょにそれを歌うことができるのに。」
(2)「今，私はひまではないので，あなたと買い物に行きません。」＝「もし今，私がひまだったら，あなたと買い物に行くのに。」
(3) 主節に have to〜「〜しなければならない」が使われている場合も助動詞 would を使う。「雨が降っているので，彼らは家にいなければなりません。」＝「もし雨が降っていなければ，彼らは家にいなくてもよいのに。」
(4)「彼が私の先生でないことが残念です。」＝「彼が私の先生ならいいのに。」

6 (1) 実現可能な願望なので，I hope のあとに現在形または未来形を続ける。
(2) 実現困難な願望なので，I wish のあとに過去形を続ける。

Step 3　解答　p.82〜p.83

1 (1) 私はマークが昨日，私に貸してくれた本を読んでいます。
(2) マイクはその質問に答えることができたただ1人の生徒でした。
(3) あなたが話していた女の人は私たちの新しい先生です。
(4) もし水がもっときれいなら，この川にもっと多くの魚が住んでいるだろうに。

2 (1) which〔that〕, built
(2) first city
(3) which〔that〕has
(4) left by
(5) had, could read

3 (1) wish there were comic books in the library
(2) the ring which her mother bought her
(3) The girl that they call Yui is very popular.

4 (1) ⑦ Helping〔To help〕　④ heard

29

(2) ⓐ who　ⓑ when　ⓒ that
(3) ほかの人のために何かをすることは難しいことではない。
(4) something that you don't need at home
(5) 私たちは，私たちの助けを必要とする人がいるということを忘れてはいけません。

【解説】 **1** (2) 先行詞に only や first などの強調語句がついたときは関係代名詞は that を用いることが多い。
(3) you were talking with が The woman を修飾している。
(4) were, would live と過去形が使われているので，仮定法過去の表現として訳す。
2 (1)「これはあなたのお父さんによって建てられた家ですか。」＝「これはあなたのお父さんが建てた家ですか。」
(2)「サンフランシスコはアメリカで最初に私が訪れた都市です。」＝「サンフランシスコは私がアメリカで訪れた最初の都市です。」
(3)「この本にはたくさんの写真があります。」＝「これはたくさんの写真がある本です。」
(4) leave「残す」「ボブが留守番電話に残した伝言を聞きなさい。」＝「ボブによって留守番電話に残された伝言を聞きなさい。」
(5) as「～なので」「私は眼鏡を持っていないので，今この手紙を読むことができません。」＝「もし私が眼鏡を持っていれば，今この手紙を読むことができるのに。」
3 (2) buy A B＝「A に B を買ってあげる」 was が不要。
4 (1) ⑦「お互いを助け合うこと」を動名詞か不定詞で表す。　④現在完了の文なので過去分詞にする。
(2) ⓐ主格の関係代名詞。　ⓑ when「～するとき」ⓒ目的格の関係代名詞。ⓒに that が入るので，ⓐが who になる。
(3) 直前の疑問文の内容を否定している。
(4) something を先行詞にした関係代名詞の文。that が関係代名詞。
(5) must not ～「～してはいけない」
《日本語訳》
　私たちにとって1人ですべてのことをすることは

とても難しいです。お互いを助け合うことが，私たちの人生をより豊かに，そしてより幸せにします。ある人があなたを助け，あなたがほかの人を助ける。ほかの人のために何かすることは難しいことですか。いいえ，ちがいます。だれでもそれをすることができます。例えば，バスでお年寄りや気分の悪そうな人を見たら，彼らに席をゆずることができます。手にたくさんの荷物をかかえている女の人が部屋に入りたいとき，彼女のためにドアを開けたり閉めたりすることができます。もしあなたが知っている場所への道を聞かれたら，道を教えることができます。
　将来は，もっとお年寄りが増えるでしょう。1人で暮らすお年寄りもいます。あなたは彼らのために何ができますか。それでは説明しましょう。あなたは彼らに手紙を書くことができます。彼らはあなたから手紙を受け取ると喜びます。自分たちのことについて考えてくれる若い人たちがいると知ってうれしくなります。あなたは彼らに手紙を書くときに，何かを学ぶことができます。これはお年寄りとあなたの両方にとってよいことです。
　あなたはこれまでにチャリティー・バザーについて聞いたことがありますか。あなたが家で必要のないものをバザーに持ってきます。人々はあなたが持ってくるものを買いにバザーにやってきて，そしてそれらを使います。それらを売ることによって得られるお金は，助けを必要とする人々のために使われます。このように，あなたが必要としないものがだれかの助けになります。すばらしいことだと思いませんか。
　私たちにとって，ほかの人々を思いやり，彼らに親切にすることは重要です。私たちは，私たちの助けを必要とする人がいることを忘れてはいけません。ほかの人々のために何かをすることを始めましょう。

🚨 **誤りに気をつけよう**

　主格の関係代名詞を含む節内の動詞の形は，先行詞に合わせて考えよう。
　The man living in the house is kind.
＝ The man who live in the house is kind.
　　　　　　　↓ **lives**
「その家に住んでいる人は親切です。」

13 文 の 種 類

Step 1 解答　　　　　　　　p.84 ～ p.85

1 (1) だれもその質問に答えることができません
でした。
(2) 図書館に生徒はほとんどいませんでした。
(3) エミは 1 度も海外に行ったことがありま
せん。私も 1 度もありません。
(4) 私は言うべきことが何もありません。

2 (1) don't you　(2) does she
(3) isn't it　(4) can't he
(5) will you　(6) shall we

3 (1) he came　(2) my son is
(3) Who do you think

4 (1) old　(2) much　(3) long　(4) far
(5) many

5 (1) 彼の家はなんて大きいのだろう。
(2) これはなんて奇妙な話なのだろう。

解説 **1** (3) 否定文では too ではなく either を使う。

2 (1) You like → don't you? 「あなたはなすが好き
ですよね。」
(2) Your aunt doesn't → does she? 「あなたのおばさ
んはここに住んでいないですよね。」
(3) This racket is → isn't it? 「このラケットはあなた
のものですよね。」
(4) Bob can → can't he? 「ボブは車が運転できますよ
ね。」
(5) Help ～(命令文)→ will you? 「私を手伝ってくだ
さいね。」
(6) Let's ～ → shall we? 「魚釣りに行きましょうか。」

3 間接疑問は「疑問詞＋主語＋動詞～」の語順が基
本。
(1)「私は彼がいつ来たのか知りません。」
(2)「あなたは私の息子がどこにいるか知っています
か。」
(3) Do you think ～? の間接疑問は〈疑問詞＋ do you
think ＋主語＋動詞〉の語順になる。「彼はだれだと
思いますか。」

4 (1)「彼は何歳ですか。」「15 歳です。」
(2)「この車はいくらですか。」「100 万円です。」
(3)「そこにどのくらいいるのですか。」「2 週間です。」
(4)「ここからあなたの学校までどのくらいあります

か。」「およそ 2 マイルです。」
(5)「世界にはいくつの言語がありますか。」「およそ
4,000 語あります。」

5 (1) 形容詞や副詞だけを強調するときは，〈**How**
＋形容詞〔副詞〕（＋主語＋動詞）!〉の語順。
(2) 名詞句を強調するときは，〈**What ＋ a〔an〕＋形容
詞＋名詞（＋主語＋動詞）!**〉の語順。

🔔 **誤りに気をつけよう**

疑問詞が主語の間接疑問は，語順はそのまま
なので注意しよう。
I don't know. + Who came here?
→ I don't know ~~who did you come~~ here.
　　　　　　　　　who came
「私はだれがここに来たのか知りません。」

Step 2 解答　　　　　　　　p.86 ～ p.87

1 (1) ア　(2) ウ　(3) イ　(4) エ

2 (1) I want to know what this letter says.
(2) Do you know who can run the fastest in
the class?
(3) Please tell me why you did such a thing.
(4) Where do you think he bought the car?

3 (1) what, means
(2) what, called〔named〕
(3) What, good　(4) many, were
(5) where he

4 (1) No one will be able to solve the problem.
(2) How long does it take to walk to the
station?
(3) There were few students in the room.

5 (1) you what, should　(2) How, shall
(3) don't, either　(4) can he
(5) nothing to

6 (解答例) (1) where the book is
(2) isn't it

解説 **1** (1) 距離をたずねる文。「ここから駅まで
どのくらいありますか。」→「車で約 10 分です。」
(2) 年齢をたずねる文。「あなたは 2030 年には何歳に
なりますか。」→「26 歳になります。」
(3) 値段をたずねる文。「このセーターはいくらです
か。」→「30 ドルです。」

(4) 数をたずねる文。「あなたの学校には何人の生徒が
いますか。」→「約500人です。」

2 (1)「私はこの手紙に何と書いてあるのか知りた
い。」

(2) 疑問詞が主語なので語順は変わらない。「だれがクラ
スで最も速く走れるかあなたは知っていますか。」

(3)「あなたがなぜそのようなことをしたのか私に教え
てください。」

(4) Do you think ～? の間接疑問は，yes, no で答え
られないので疑問詞を do you think の前に置く。
「あなたは，彼がその車をどこで買ったと思います
か。」

3 (1)「この単語の意味を私があなたに教えます。」＝
「この単語が何を意味するか私があなたに教えま
す。」

(2)「この建物の名前をあなたにたずねたいです。」＝「こ
の建物が何と呼ばれているかあなたにたずねたいで
す。」

(3) How の感嘆文<ruby>感嘆文<rt>かんたんぶん</rt></ruby>から What の感嘆文への書きかえ。
「彼女はなんと上手にピアノを演奏することができ
るのだろう。」＝「彼女はなんと上手なピアニストな
のだろう。」

(4)「パーティーに招待された人の数をあなたは知って
いましたか。」＝「何人の人々がパーティーに招待さ
れたかあなたは知っていましたか。」

(5)「だれも彼の住所を知りません。」＝「だれも彼がどこ
に住んでいるか知りません。」

4 (3) few ＝「(数が)ほとんどない」

5 (2) 形容詞を強調した感嘆文は How で始める。感
嘆文の後半の「主語＋動詞」は明らかな場合，省略
されることが多い。Let's ～ . の文の付加疑問は〈～，
shall we?〉。

6 (1) 間接疑問文を使うと，Where is the book?「そ
の本はどこにありますか。」という直接の疑問文よ
りていねいな表現になる。

┌─────── 🚨 誤りに気をつけよう ───────┐

数をたずねる疑問文は〈**How many**＋複数名
詞＋疑問文の語順～ **?**〉の形になる。たずねるも
のの複数形を置く位置に注意しよう。
　× How many do you have comic books?
　○ How many **comic books** do you have?

└──────────────────────────────┘

「あなたは何冊のマンガ本を持っています
か。」

14 文　型

1 (1) sounds　(2) look　(3) tastes　(4) feel
2 (1) study　(2) study English
　(3) walks　(4) walks,　dog(s)
3 (1) bring him a cup of tea
　(2) tell you the way to the station
　(3) bought me a new bike
　(4) give me something to eat
4 (1) 私のことをトムと呼んでください。
　(2) 私の父はその馬をベンと名づけました。
　(3) あなたは自分の部屋をきれいにしておくべ
きです。
　(4) その知らせが彼をうれしくさせ〔しあわせ
にし〕ました。

|解説| **1** (1) A：今年の夏に，オーストラリアを訪
れるつもりです。
　B：それはすてきですね。

(2) A：あなたはとても疲れて見えます。
　B：そうですか。私は昨晩あまり眠らなかったので
す。

(3) A：このすき焼きはおいしいです。
　B：それを聞いてうれしいです。

(4) A：寒いです。
　B：あなたは上着を着たほうがいい。

2 (3)(4) walk は目的語なしで「歩く」という意味と，
目的語を後ろにおいて「(動物など)を散歩させる」
という意味がある。

┌─────── 🚨 誤りに気をつけよう ───────┐

make A B の文で，ものが主語で人が目的語
になったときは，日本語訳を工夫して理解しよ
う。
The letter **made** him sad.
「その手紙が<u>彼を悲しくさせました</u>。」
→「その手紙を読んで彼は悲しくなりまし
た。」
The news **made** me glad.
「その知らせが<u>私をうれしくさせました</u>。」

└──────────────────────────────┘

→「その知らせを聞いて私はうれしくなりました。」

1 (1) look　(2) lent　(3) made
　　(4) for me　(5) it to me
2 (1) forget to send Jane a letter
　　(2) will sing us ten songs
　　(3) looked excited when they watched
　　(4) cook a good dinner for me
3 (1) was given，given to
　　(2) was bought，bought for
4 (1) looks beautiful　(2) made，busy
　　(3) It takes　(4) getting〔becoming〕better
　　(5) tastes
5 (1) teaches us　(2) to me
　　(3) made me　(4) is called〔named〕
6 (解答例) (1) My grandfather gave me a picture of a famous soccer player when I was twelve (years old).
　　(2) It makes me very excited. / I feel happy to see it〔when I see it〕.

解説　**1** (1)〈look ＋形容詞〉＝「～に見える」
(2) lend A B＝「A に B を貸す」
(3) make A B＝「A を B にする」
(4) make B for A＝「A に B を作る」
(5) give B to A＝「A に B を与える」
2 (1) send A B は「A に B を送る」。「ジェーンに手紙を送るのを忘れないで。」
(2)「彼はコンサートで私たちに 10 曲の歌を歌うでしょう。」
(3)「その少年たちはサッカーの試合を見たとき興奮しているように見えました。」
(4) cook B for A は「A に B を料理する」。「母は私の誕生日に私においしい夕食を作ってくれるでしょう。」
3 (1) me と the expensive watch を主語にした受け身形の文を作る。「私のおばは私にその高価な時計をくれました。」
(2) her son と this dog を主語にした受け身形の文を作る。「彼女は彼女の息子にこの犬を買ってあげました。」
4 (1)〈in ＋服〉＝「～を着て」

(3)〈It takes＋時間＋to ～〉＝「～するのに(時間)がかかる」
(4)〈get〔become〕＋形容詞〉＝「～になる」
5 (1)「山本先生は私たちの数学の先生です。」＝「山本先生は私たちに数学を教えます。」
(2) tell A B = tell B to A「A に B を言う」「私に嘘をつかないで。」
(3)「私はその手紙を読んだとき悲しくなりました。」＝「その手紙が私を悲しくさせました。」
(4)「この花の日本語の名前は『ひまわり』です。」＝「この花は日本語で『ひまわり』と呼ばれて〔名づけられて〕います。」
6 (1)「A(人)に B(もの)をあげる」には give A B または give B to A の形が使える。「買って〔作って〕あげる」という意味で，bought〔made〕A B または bought〔made〕B for A を使ってもよい。
(2)「(ものが～な気持ち)にさせる」は，make を使って表すことができる。

┌─────── 🚨 **誤りに気をつけよう** ───────┐

動詞には直後に目的語をとるものと，目的語の前に前置詞などを必要とするものがある。例えば次のようなものは間違いやすいので注意しよう。
× He answered **to** the question.
○ He answered the question.
　「彼はその質問に答えました。」
× I looked the dog.
○ I looked **at** the dog.
　「私はその犬を見ました。」

└──────────────────────────┘

1 (1) taught，us　(2) time it
2 (1) Nothing，more
　　(2) made，happy〔glad〕　(3) didn't they
3 (1) far is it from here to
　　(2) sitting on the bench spoke to me
　　(3) me when she will leave for
　　(4) met few Japanese who express
4 (1) I'd like〔I want〕something to drink.
　　(2) I want to know where I can〔should〕 learn it.
5 (1) I understood everything you said

(2) made me

(3) エ

(4) 今，私はあなたが何を言いたかったかがずっとよくわかります。

(5) don't they

(6) a chance to come back to

解説 **1** (1) teach A B ＝ teach B to A「AにBを教える」「小林先生は私たちの英語の先生でした。」＝「小林先生は私たちに英語を教えてくれました。」

(2)「時間がわかりますか。」＝「何時かわかりますか。」

2 (1) nothing「何も～ない」を主語にして否定の意味の文にする。〈Nothing is ＋比較級＋ than ～ .〉は「～より…なものはない。」で最上級と同じ意味。

3 (1)「ここから駅までどのくらい(の距離)ですか。」

(2)「ベンチに座っていた女性が，私に話しかけました。」

(3)「彼女がいつ東京に出発するか私に教えてください。」

(4)「私は，自分自身の意見を表明する日本人にはほとんど会ったことがありません。」

4 会話中の文を英語にするときは，日本語には表現されていないものに注意する。

(1)「(私は)～がほしいです。」は I want ～ または I'd like ～ と表現する。

(2)「どこで(それを)習う。」〈疑問詞＋ to〉を使って I want to know where to learn it. としてもよい。

5 (1) everything you said「あなたが言ったことすべて」

(2)「あなたの言葉を聞いてとてもうれしかった」を「あなたの言葉が私をとても喜ばせた」と考える。

(3) sound「～に聞こえる」

(4) what you meant を間接疑問と考える。

《日本語訳》

　お元気ですか。先生が金沢(かなざわ)を去られてから２か月が過ぎました。楽しい夏休みを過ごされましたか。先生が新しい仕事を楽しんでおられて，今でも私たちのことを覚えていてくださることを願っています。こちらでは私たちはみんな寂(さび)しがっています。先生はとても親しみが持てて，私たちは本当に先生の授業が好きでした。

　私は先生の最初の英語の授業を決して忘れません。何人かの生徒たちが私の英語を笑ったとき，先生は怒って「なぜあなたたちは友だちを笑うのですか。あなたたちは日本語を話すときでさえ，それぞれがちがった話し方をしているんだと知らなければいけません。正夫，あなたは上手な英語を話します。私はあなたが言ったことはすべてわかりました。」と言われました。私は先生の言葉を聞いてとてもうれしかったです。英語を話そうとするとき，その言葉は今でも私を励(はげ)ましてくれます。

　先生はよく私たちに「英語は私の母国語ですが，いつも教科書のような英語を話すわけではありませんし，ときにはまちがえます。合衆国の人々はみな同じように話すと，あなたたちは思っていますか。」と言われました。今月は，イギリスから新しい先生が来られました。彼の英語は先生の英語とはちがうふうに聞こえます。今では先生が何を言おうとされたかがずっとよくわかります。人には異なった話し方や考え方があるのですね。私たちはみんなお互いにちがいを理解し，共有する必要があると思います。

　先生が日本に戻られる機会がすぐにあればいいなと思っています。またお会いしたいです。どうか連絡をお願いします。では，さようなら。

🔔 誤りに気をつけよう

否定の付加疑問文

He didn't come here, ~~didn't~~ he?

↘**did**

「彼はここに来ませんでしたよね。」

否定文のあとに続く部分は，否定ではなく肯定の疑問文の形にする。

15 前 置 詞

Step 1 解答　　　　　　　　p.94 ～ p.95

1 (1) at, on　(2) in　(3) on　(4) in　(5) at
(6) during　(7) since　(8) until　(9) for
(10) by　(11) in　(12) from

2 (1) around　(2) between　(3) on　(4) at

3 (1) with　(2) in　(3) as　(4) of　(5) for
(6) of　(7) in

解説 **1** (1)「私は日曜日，９時に起きます。」

(2)「コロンブスは 1492 年にアメリカに到達しました。」

(3)「午前中に」は in the morning だが，特定の曜日の朝を指すときは on を使う。「私は金曜日の朝は外出

します。」

(4)「私たちは夏によく水泳を楽しみます。」

(5)「夜にピアノを弾くのはやめなさい。」

(6)「私たちは休暇の間，パリに滞在しました。」

(7)「彼は先週からカナダにいます。」

(8) until「〜まで（ずっと）」「5時までここで待っていてください。」

(9)〈for ＋期間の長さを表す語〉＝「〜の間」「私たちは3年間，英語を勉強しています。」

(10) by「〜までに」「明日までにその仕事を終えなさい。」

(11)「私の父は1時間後に家に戻るでしょう。」

(12)「私たちは月曜日から金曜日まで学校に行きます。」

2 (1)「地球は太陽のまわりを回ります。」

(2)「健と絵美の間にはだれが座っていますか。」

(3)〈on ＋場所〉＝「〜の上に，〜に（接触して）」「壁に絵があります。」

(4)「あなたは学校で英語を勉強しますか。」

3 (1) with「〜を持った」

(2)〈in ＋言語〉＝「〜語で」

💡 誤りに気をつけよう

until と by，for と during など同じ日本語訳で意味が異なるものは，日本語で覚えるだけではまちがえやすいので気をつけよう。

I'll wait here **until** six.（期間の継続）
「私は6時までここで待ちます。」
Come here **by** six.（期限）
「6時までにここに来てください。」
I lived there **for** two years.（期間の長さ）
「私は2年間そこに住みました。」
I stayed there **during** the vacation.
（特定の期間）
「私は休暇の間はそこに滞在しました。」

Step 2 解答　　　　　　　　p.96 〜 p.97

1 (1) at, on　(2) to, by　(3) by, on
(4) for, of

2 (1) belongs to our baseball team
(2) not heard from him since
(3) looking forward to seeing you

3 (1) ア　(2) ア　(3) イ　(4) ウ　(5) イ　(6) イ

4 (1) at　(2) with　(3) from　(4) on

---

5 (1) with　(2) good at　(3) about　(4) take, of

6 (解答例) (1) Come home by five〔5〕o'clock.
(2) I'll〔I will〕stay〔be〕(at) home until〔till〕five〔5〕(o'clock).

解説　**1** (2)〈to ＋場所〉＝「〜に」，〈by ＋交通手段〉＝「〜で，〜を使って」

(3)〈by ＋行為者〉＝「〜によって」，on the wall「壁に」

2 (1)「彼は私たちの野球チームに所属しています。」

(2)「私は昨年以来，彼から便りをもらっていません。」

(3)「私はあなたと再び会うことを楽しみにしています。」

3 (1)「この電車は東京・大阪間を走ります。」

(2)「あなたは今晩6時までに帰宅しなければいけません。」

(3) on one's right〔left〕「〜の右〔左〕側に」「右側に公園が見えるでしょう。」

(4)「私の父は1時間くらいで戻るでしょう。」

(5) for the first time「初めて」「私は5年間で初めて彼に会いました。」＝「私は5年ぶりに彼に会いました。」

(6)「すてきなプレゼントをありがとう。」

4 (1) be surprised at 〜「〜に驚く」「私たちはみんなその知らせに驚きました。」
at the end of 〜「〜の終わりに」「私たちは今月の終わりに東京に引っ越す予定です。」

(2)〈help ＋人＋ with 〜〉＝「人の〜を手伝う」「私の宿題を手伝ってもらえますか。」
What's the matter with 〜?「〜はどうしたのですか。」「あなたの赤ちゃんはどうしたのですか。」

(3)「あなたの意見は私の（意見）とは異なります。」
from A till B「AからBまで」「私のおじは朝から晩まで働きました。」

(4) on one's way to 〜「〜へ行く途中で」「私は学校へ行く途中でグリーン先生に会いました。」
「私たちは日曜日の朝はたいてい遅く起きます。」

5 (1) with blue eyes で「青い目をした」の意味。「青い目をしたその女の子はアメリカ出身です。」

(2) be good at 〜「〜が上手である」「彼はピアノを弾くのがとても上手です。」

(3) How about 〜?「〜してはどうですか。」「昼食のあと，野球をしましょう。」＝「昼食のあと，野球を

するのはどうですか。」

(4) look after ～＝ take care of ～「～の世話をする」
「その老人には世話をしてくれる人がだれもいません。」

6 (1) by「～までに」は，ある時間までの間のどこかの時点を表す。

(2) until〔till〕「～まで」は，動作や状態が継続する終点を表す。

┌─── 💡 誤りに気をつけよう ───┐

after と before は接続詞としても使う。接続詞で使うときは after，before の後ろに「主語＋動詞」を置く。

After lunch, we played tennis.
前置詞

「昼食後，私たちはテニスをしました。」

After we ate lunch, we played tennis.
接続詞

「私たちは昼食をとった**あと**，テニスをしました。」

└──────────────────────┘

16 接 続 詞

Step 1　解答　　　　　　　　　p.98 ～ p.99

1 (1) but　(2) soon　(3) both　(4) either

2 (1) so cold that I　(2) so wise that he

3 (1) and　(2) or

4 (1) you run　(2) too，to

5 (1) 私は彼がその試験に合格するとよいと思います〔合格することを願っています〕。

(2) 私はきっと彼がその試験に合格すると思います。

(3) 私は彼がその試験に合格したことをうれしく思います。

(4) 私は彼女に，彼はその試験に合格するだろうと言いました。

解説　**2**　so ～ that ...「とても～なので…だ」
～には形容詞や副詞，…には「主語＋動詞～」の節が入る。

3 (1)「急ぎなさい，そうすれば電車に間に合いますよ。」

(2)「急ぎなさい，そうしないと電車に乗り遅れますよ。」

4 (1)「もっと速く走りなさい，そうすればあなたは

間に合うでしょう。」＝「もっと速く走ればあなたは間に合うでしょう。」

(2)〈so ～ that ＋主語＋ can't〔cannot〕...〉＝「とても～なので…できない」と too ～ to ...「あまりに～なので…できない」の書きかえ。「彼はとても疲れていたので，働くことができませんでした。」

5 (4) told と過去形が使われているので，that のあとの助動詞 will も過去形になっている。

┌─── 💡 誤りに気をつけよう ───┐

① not only A but (also) B「AだけでなくBも」と② A as well as B「B同様にAも」は似た意味だが，AとBのどちらを強調したいかが異なる。Aを強調したいときは②，Bを強調したいときは①を使うので覚えておこう。

Not only Ken but also I **am** from Japan.
　　　　　　　　↑動詞は **B** に合わせる

「健だけでなく私も日本出身です。」

Ken as well as I **is** from Japan.
　　　　　↑動詞は **A** に合わせる

「私と同様に健も日本出身です。」

└──────────────────────┘

Step 2　解答　　　　　　　　　p.100 ～ p.101

1 (1) ア　(2) イ　(3) ウ　(4) ウ　(5) イ

2 (1) as well as　(2) afraid that
　(3) Take，and　(4) many books，he

3 (1) not by bike but by
　(2) I'm glad that you liked
　(3) so tired that she
　(4) as soon as I

4 (1) あなたの話はとても面白いので，私はそれを決して忘れないでしょう。
　(2) 私の姉〔妹〕と私は両方ともその知らせを聞いて驚きました。
　(3) 私は家に帰るとすぐに犬と散歩します。
　(4) すぐに起きなさい，そうしないと学校に遅刻しますよ。

5 (1) If you work　(2) only，but，tennis
　(3) enough to　(4) If，aren't
　(5) tell，that

6 (解答例) (1) busy that she can't〔cannot〕
　(2) but also math
　(3) soon as she

解説 **1** (1) either A or B＝「AかBのどちらか」「私の兄〔弟〕は大学で経済学か法律のどちらかを学ぶつもりです。」

(2) both A and B＝「AもBも両方」「サッカーと野球はともに日本で人気があります。」

(3) not A but B＝「AではなくB」「私はアメリカではなくカナダで暮らしたい。」

(4) so ～ that ...＝「とても～なので…」「彼らはとても忙しかったので，私を手伝うことができませんでした。」

(5) as ～ as possible＝「できるかぎり～」「トムはできるかぎり速く走りました。」

2 (1) A as well as B＝「Bと同様にAも」

(2) be afraid (that) ～「残念ながら～だと思う」

(3) 〈命令文＋, and ... 〉＝「～しなさい，そうすれば…」

(4) 〈as ～ as ＋主語＋ can〉＝「できるかぎり～」

3 (1) not A but B＝「AでなくB」「フレッドは自転車ではなくバスで学校に来ます。」

(2) be glad (that) ～「～をうれしく思う」「あなたが私のプレゼントを気に入ってくれたのを私はうれしく思います。」

(3) 「私の母はとても疲れていたので夕食を作ることができませんでした。」

(4) A as soon as B＝「BするとすぐにA」「私はその仕事を終えたらすぐにあなたを手伝いましょう。」

4 (2) be surprised to ～＝「～して驚く」

(4) 〈命令文＋, or ...〉＝「～しなさい，そうしないと…」

5 (1) 「一生懸命働き〔勉強し〕なさい，そうすればあなたは成功するでしょう。」＝「一生懸命働け〔勉強すれ〕ばあなたは成功するでしょう。」

(2) B as well as A ＝ not only A but also B「AだけでなくBも」「ブラウンさんはサッカーと同様にテニスもします。」＝「ブラウンさんはサッカーだけでなくテニスもします。」

(3) ～ enough to ...「…するくらいじゅうぶん～」「その若い男性はとてもお金持ちなので新しい車を買うことができます。」＝「その若い男性は新しい車を買えるくらいお金持ちです。」

(4) 「よい子でいなさい，そうしないとあなたのお父さんは悲しむでしょう。」＝「もしあなたがよい子でいないなら，あなたのお父さんは悲しむでしょう。」

(5) tell ＋人（＋that）～「人に～だと言う〔伝える〕」「絵

美の息子はその試合に勝ちました。そのことを絵美に伝えてくれませんか。」＝「息子がその試合に勝ったことを絵美に伝えてくれませんか。」

6 イラストからそれぞれ次のような内容を読み取って英文を作るとよい。

(1) 「とても忙しいので今日外出できません。」

(2) 「英語だけではなく数学も勉強しなければなりません。」

(3) 「勉強が終わったらすぐにピアノの練習をしなければなりません。」

┌─── 🏛 **誤りに気をつけよう** ───┐

接続詞を含む連語が主語の部分にくるとき，続く動詞の形に注意しよう。

・both A and B「AとBの両方とも」
Both <u>Mike and I</u> **are** from America.
↑複数扱い
「マイクと私は両方ともアメリカ出身です。」

・either A or B「AかBのどちらか」
Either Mike or I **am** from America.
↑Bに合わせる
「マイクか私のどちらかはアメリカ出身です。」

・not only A but (also) B「AだけでなくBも」
Not only Mike but also I **am** from America.
↑Bに合わせる
「マイクだけでなく私もアメリカ出身です。」

・A as well as B「Bと同様にAも」
<u>Mike</u> as well as I **is** from America.
↑Aに合わせる
「私と同様にマイクもアメリカ出身です。」

└──────────────────┘

Step 3　解答　　　　　p.102 ～ p.103

1 (1) for　(2) on　(3) with

2 (1) エ　(2) ウ　(3) ウ　(4) ア　(5) イ

3 (1) of, during　(2) Try harder, or
(3) so, that

4 (1) You should read as many books as you can〔possible〕.
(2) I'm〔I am〕looking forward to (my) summer vacation.

5 (1) @ ウ　ⓑ ア　ⓒ イ
(2) 私にとって運転の練習をする大きなチャンスだったから。

(3) 私は映画をあまりに楽しんだので，時間の
ことを完全に忘れました。
(4) come here as quickly as I could

解説 **1** (1)「あなたは何を探しているのですか。」
be late for 〜「〜に遅れる」「私は昨日，学校に遅
刻しました。」

(2) on one's way home「家に帰る途中で」「私は家に
帰る途中でその女の子に会いました。」
on foot「徒歩で」「あなたはそこに車で行きました
か，それとも徒歩で行きましたか。」

(3) with a smile「ほほえんで」「彼女はにっこりして
私を見ました。」
with「〜で」「彼はのこぎりでその木を切ろうとし
ましたが，できませんでした。」

2 (1)「私たちは日曜日に授業はありません。」

(2)「上着なしだと寒いです。あなは上着を着るべきで
す。」

(3)「私の犬は私の声を聞くとすぐにほえ始めました。」

(4)「この辞書は役に立つ表現でいっぱいです。」

(5)「私の父は初めてゴルフをしました。」

3 (1)「私がオーストラリアを訪れている間，私の犬
の世話をしてください。」

(2)「仕事で成功したいなら，もっと一生懸命やってみ
なければなりません。」＝「もっと一生懸命やりなさ
い，そうしなければ仕事で成功しないでしょう。」

(3)「メアリーはとても若かった。彼女は車を運転でき
ませんでした。」＝「メアリーはとても若かったので，
車を運転できませんでした。」

4 (1) You should read many books.＝「あなたは多
くの本を読むべきです。」をもとにする。many
books を 1 つのかたまりとして as 〜 as ではさむ。

5 (1) ⓐ away from 〜＝「〜から離れて」
ⓑ〈at ＋時刻〉 ⓒ条件を表す接続詞を選ぶ。

(2) 直前の so は結果を示す接続詞なので，その前の部
分が理由を表す。

(3) so 〜 that ... ＝「とても〜なので…」

(4)〈as 〜 as ＋主語＋ can〉＝「できるかぎり〜」
《日本語訳》
　　私はスペインの南部，エステポナという小さな村
で育ちました。16 歳になると車が運転できるので，
私はその年齢になってとてもわくわくしたことをま

だ覚えています。
　　ある朝，父は私にエステポナから 25 キロ離れた
ミハスという町まで車で送ってほしいと頼みました。
父はそこで友人に会う必要があり，またミハスの大
きなガソリンスタンドの人々に車の点検を頼みたい
とも思っていました。それは私にとって運転を練習
する絶好の機会だったので，すぐに父の考えを受け
入れました。私は父をミハスへと車で送り，午後 4
時に迎えに来ると約束しました。それから，ガソリ
ンスタンドまで行って車を降りました。暇な時間が
数時間あったので，ガソリンスタンドの近くの映画
館で映画を見ようと決めました。しかし，私はあま
りに映画を楽しんでしまい，時間のことを完全に忘
れてしまいました。最後の映画が終わったとき，
ちょうど 6 時になる寸前でした。
　　「もし私が映画を見ていたとわかったら，父はと
ても怒るだろう。父の車に 2 度と触ることができな
くなるかもしれない。」と私は思いました。しかし
私は父に自分のミスを話そうと決めました。私は父
に嘘をつきたくありませんでした。
　　私はガソリンスタンドまで走って車に乗りました。
それから，私たちの落ち合うところまで運転してい
きました。私はできるかぎり急いで来ました。私の
父は角で待っていました。私は父に本当のことを話
しました。父は笑って「ガソリンスタンドに電話を
してお前のことを聞いていたから，話してくれたこ
とは全部知っていたよ。お前が私に嘘をつかないで
くれてとてもうれしい。映画は楽しかったかい？
車の中で話してくれよ。」と言いました。

┌─────────────────────────┐
　　　　🏠 **誤りに気をつけよう**

　while は接続詞，during は前置詞である。用
法に注意しよう。

「接続詞＋主語＋動詞」
<u>While</u> my stay in Japan,
　　　　　↘ **I stayed**
　　　　　　　　　　　　　　I met her.
「前置詞＋名詞」
<u>During</u> I stayed in Japan,
　　　　　↘ **my stay**
「日本に滞在している間に，私は彼女に会いま
した。」
└─────────────────────────┘

17 いろいろな比較表現

Step 1 解答　p.104～p.105

1 (1) one, pictures〔photos〕
(2) than, other　(3) newer, or
(4) much faster

2 (1) is not as quiet as
(2) eats twice as much as
(3) about three times as large as

3 (1) than any　(2) harder than
(3) tallest boy

4 (1) これは日本で最も古い寺の1つです。
(2) あなたはこのクラスのほかのどの生徒よりも背が高いです。
(3) テニスはサッカーほど人気がありません。
(4) 7月と8月では，あなたはどちらが好きですか。
(5) あなたの鉛筆は私のものより2倍長いです。

解説 **1** (2) 山が「高い」という場合には tall ではなく high を使う。

(3) 2つのものを比べるので，比較級になる。

2 (2)(3) — times〔twice〕as ... as ～を使う。

3 (1)「沖縄は日本でいちばん暑い場所です。」＝「沖縄は日本のほかのどの場所よりも暑いです。」

(2)「この問題はあの問題ほど難しくありません。」＝「あの問題はこの問題より難しいです。」

(3)「マイクは私のクラスのほかのどの少年よりも背が高いです。」＝「マイクは私のクラスでいちばん背が高い少年です。」

🔔 誤りに気をつけよう

比較級を強調するときは，very ではなく much を用いる。

His house is very big.
「彼の家はとても大きい。」

His house is ~~very~~ bigger than mine.
　　　　　　↘**much**
「彼の家は私の家よりずっと大きい。」

Step 2 解答　p.106～p.107

1 (1) most popular　(2) taller
(3) larger　(4) old

2 (1) ビルは私よりずっと速く走ることができます。
(2) オーストラリアは日本の約20倍の大きさ〔広さ〕です。
(3) 私はすべての教科の中で英語が最も好きです。
(4) 私の部屋はあなたの(部屋)ほどきれいではありません。

3 (1) don't have as many books as
(2) the most famous actor in your
(3) is one of the greatest writers
(4) can swim a little faster than

4 (1) Which, longer, or
(2) What, the highest
(3) colder and colder
(4) times, big〔large〕as

5 (1) older than　(2) more difficult
(3) larger than　(4) you can
(5) more slowly　(6) the best of

6 (解答例) (1) Tom has more CDs than I. / I don't have more CDs than Tom.
(2) Tom has twice as many CDs as I. / I have half as many CDs as Tom.

解説 **1** (1)「野球は日本で最も人気のあるスポーツの1つです。」

(2)「ボブは私のクラスのほかのどの少年よりも背が高い。」

(3)「北海道と九州ではどちらのほうが大きいですか。」

(4) as ... as ～の ... に入る形容詞・副詞は原級。「私の英語の先生は私の父ほど年をとっていません。」

2 (1) much を比較級の前に置くと強調の意味。

(2)〈数字＋ times as ... as ～〉＝「～の何倍…だ」

(3) like ～ the best＝「～がいちばん好きだ」

3 (1)〈as ＋形容詞＋名詞＋ as ～〉で「～と同じくらい…な一」の意味になる。

(4) a little を比較級の前に置いて「少し」の意味。

4 (2) 山が「高い」のは tall ではなく high で表す。

(3)〈比較級＋ and ＋比較級〉＝「だんだん～」

5 (1)「私の父は母より若い。」＝「私の母は父より年上です。」

(2)「この本はあの本ほどやさしくありません。」＝「この本はあの本より難しい。」

(3)「琵琶湖は日本で最も広い湖です。」＝「琵琶湖は日本のほかのどんな湖よりも広い。」

(4) as ～ as possible ＝〈as ～ as ＋主語＋ can〉＝「できるかぎり～」「あなたはできるかぎり一生懸命英語を勉強しなくてはいけません。」

(5)「そんなに速く車を運転してはいけません。」→「もっとゆっくり車を運転しなければなりません。」

(6)「私はテニスよりもゴルフが好きです。ゴルフよりもサッカーが好きです。」→「私はその３つのスポーツの中でサッカーが最も好きです。」

6 (1)「トムは私より多くの CD を持っています。／私はトムより多くの CD を持っていません。」

(2)「トムは私の２倍の数の CD を持っています。／私はトムの半分の数の CD を持っています。」

📢 誤りに気をつけよう

A as ～ as B は「A は B と同じくらい～」という意味だが，その否定形 A not as ～ as B は単に「A と B が同じくらいではない」という意味ではなく，「A は B ほど～でない」という意味になるので注意する。

---

18 形容詞・副詞の用法

Step 1　解答　　　　　　　　　p.108 ～ p.109

1 (1) ア トムはとても上手に野球をすることができます。

イ トムはとても上手な野球選手です。

(2) ア 私の父は注意深い運転手です。

イ 私の父は注意深く車を運転します。

2 (1) few　(2) little　(3) much　(4) many

3 (1) some　(2) any　(3) any　(4) some

4 (1) ほとんどのアメリカの男の子たちは野球をすることが好きです。

(2) 生徒はみんな熱心に勉強すべきです。

(3) 日曜日にはバスがありません。

(4) ほとんどすべての生徒が携帯電話を持っています。

5 (1) something cold to　(2) too short to

(3) such an exciting movie

(4) have enough money

解説 **1** (1) well「上手に，うまく」は副詞，good

「上手な，うまい」は形容詞。

(2) careful「注意深い」は形容詞，carefully「注意深く」は副詞。

2 (1) year は数えられる名詞。「私は数年前にロンドンを訪れました。」

(2) time は「時間」という意味では数えられない名詞。「私はとても忙しい。本を読む時間がほとんどありません。」

(3) tea は数えられない名詞。「あなたはたくさんお茶を飲みますか。」

(4) museum は数えられる名詞。「この市には博物館がたくさんあります。」

3 一般に some は肯定文，any は否定文や疑問文で使う。

(1)「私は卵をいくつか買いに行くつもりです。」

(2)「彼らにはお金が全然ありませんでした。」

(3)「あなたの部には女の子がいますか。」「あるか，ないか」を問題にする場合，any を訳出しないこともある。

(4) 人にものを勧めるときの表現ではふつう some を使う。「コーヒーはいかがですか。」

4 (2) every のついた語句は単数扱いになる。

5 (1)「私に何か冷たい飲み物をください。」

(2)「私は背が低すぎて，バスケットボールの選手にはなれません。」

(3)〈such(＋ a〔an〕)＋形容詞＋名詞〉＝「こんなに～（＝形容詞）な…（＝名詞）」「私はこんなにわくわくする映画を見たことがありません。」

(4)「私はじゅうぶんなお金がありません。」

📢 誤りに気をつけよう

almost「ほとんど」は副詞なので，名詞を直接修飾することはできないが，all などの形容詞は修飾できる。

× the almost students

○ **almost all** the students

「ほとんどすべての学生」

Step 2　解答　　　　　　　　　p.110 ～ p.111

1 (1) interesting　(2) necessary

(3) difficult　(4) different　(5) possible

2 (1) little　(2) much　(3) many　(4) any

(5) a few

3 (1) Give me something hot to eat.

(2) Mike is rich enough to keep a yacht.

4 (1) no (2) lot (3) good speaker

(4) quick (5) wrong

5 (1) always (2) sometimes (3) often

(4) usually (5) never

6 (1) ここでは冬に雪がほとんど降りません。

(2) 私は金曜日が必ずしも忙しいとは限りませ

ん。

解説 **1** (1) interesting 「(ものやことが)興味深い」

interested 「(人が)興味がある」

(2) necessary 「必要な」 ⇔ unnecessary 「不必要な」

(3) difficult 「難しい」

(4) be different from ～ 「～と異なる」

(5) possible 「可能な」 ⇔ impossible 「不可能な」

2 (1) rain は数えられない名詞。「今年の夏, この国

では雨がほとんど降りませんでした。」

(2) homework は数えられない名詞。「あなたは今日,

どれくらい宿題をしなければなりませんか。」

(3) 「私にはこの学校にたくさん友だちがいます。」

(4) money は数えられない名詞。「彼はお金をまったく

持っていません。」

(5) 「彼はバスで数人の生徒と会いました。」

3 (1) ⟨something ＋形容詞＋ to ～⟩の語順。

(2) enough は形容詞を後ろから修飾する。

4 (1) not ～ any ＝ no 「(まったく) ～ない」 「彼は

まったくマンガ本を持っていません。」

(2) many は数えられる名詞にしか使えないが, a lot of

～は数えられる名詞にも数えられない名詞にもどち

らにも使える。「私たちはよい友だちがたくさんい

ます。」

(3) 「彼は英語を上手に話します。」＝「彼は英語の上手な

話し手です。」

(4) quickly 「すばやく」 (副詞)を quick 「すばやい」

(形容詞)で表現する。「彼はすばやく朝食をとり,

釣りに行きました。」

(5) What's the matter〔wrong〕with ～？「～はどうし

たのですか。」「マークはどうしたのですか。」

6 (1) little 「(量が)ほとんど～ない」 否定の意味に

なる。

<table>
<tr><td colspan="2">📢 **誤りに気をつけよう**</td></tr>
</table>

not ～ very は「あまり～ではない」という意

味。また not ～ always も「いつも～するとは限

らない」という部分否定になる。

I don't like meat very much.

「私は肉があまり好きではありません。」

He is not always here.

「彼はいつもここにいるとは限りません。」

19 重 要 表 現

解答	p.112 ～ p.113

1 (1) ウ (2) ウ (3) イ (4) ウ (5) ウ

2 (1) without saying

(2) What made, change

(3) reminds, of (4) Why

(5) able, catch〔take〕 (6) old enough

(7) on, way

3 (1) ウ (2) エ (3) ア (4) エ

4 (1) I don't know what book you are looking

for.

(2) Some Americans are not good at speaking

English.

(3) Shall we go fishing in the river after

school?

(4) Thank you for helping me with my

homework.

解説 **1** (1) another 「もう1つの」「紅茶をもう1

杯いかがですか。」

(2) each と every は単数扱いをするので, 動詞が has

になるはずである。almost は almost all of ～「～

のほとんどすべて」のような形で使う。「ここにい

る生徒の全員がその場所を訪れたことがあります。」

(3) 「私は子どもだったころ犬が怖かったです。」

(4) help oneself to ～ 「～を自由にとって食べる」「ど

うぞケーキをご自由にとって食べてください。」

(5) 「あなたは休日に出かけるのを楽しみにしています

か。」

2 (1) 「その少年は部屋を去ったとき, 何も言いませ

んでした。」＝「その少年は何も言わずに部屋を去り

ました。」

(2) 「どうして彼はそんなに早く考えを変えたのです

か。」=「何が彼にそんなに早く考えを変えさせたのですか。」

(3) 「この写真を見ると，私は高校時代を思い出します。」=「この写真は私に高校時代を思い出させます。」

(4) 「昼食を食べに来ませんか。」

(5) 「私は最終列車に乗れませんでした。」

(6) 「メアリーは若すぎるので海外で暮らせません。」=「メアリーは海外で暮らせるほど年をとっていません。」

(7) 「私はデパートに向かっているとき，グレースに会いました。」=「私はデパートに行く途中でグレースに会いました。」

3 (1) A：すみません。ABC 図書館を知っていますか。

B：はい。向こうに赤い建物が見えますか。あの建物のところを右に曲がってください。左手にそれが見えるでしょう。

(2) A：あの赤いかばんはいくらですか。

B：25 ドルです。

A：いいですね。それをいただきます。

(3) A：疲れているように見えます。どうかしましたか。

B：気分が悪いのです。私は今，家に帰るところです。

A：お気の毒に。体に気をつけてください。

(4) A：すみません。この近くに本屋はありますか。

B：はい。次のブロックに１つあります。

4 (1) 間接疑問文を作る。what book は１つのかたまりとして使う。

(2) 〈Some ＋名詞〉を主語にすると，「〜な人もいる」という意味になる。there が不要。

(3) Shall we 〜?「〜しましょうか。」

(4) Thank you for 〜ing「〜してくれてありがとう」〈help ＋人＋ with 〜〉で「(人)を〜について手伝う」

🚨 誤りに気をつけよう

前置詞の直後の動詞は〜 ing 形になる。look forward に続く to は不定詞の to ではなく前置詞であり，動詞の原形を置くことはできない。

Tom is looking forward to ~~talk~~ with you.
　　　　　　　　　　　　　　↖ **talking**

---

1 (1) How many languages are there around the

(2) You are one of the best players

(3) English better than any other subject

2 (1) Which, of

(2) not as high

(3) had more

(4) much money as

3 (1) harder than

(2) interesting

(3) play, well

4 (解答例)(1) Because I had much〔a lot of〕 homework, I had little time to sleep yesterday. / I had little time to sleep yesterday because I had much〔a lot of〕 homework.

(2) My(younger〔young〕) brother likes lions the best of all animals.

5 (1) ⓐ エ　ⓑ ア

(2) (A) *sumo*　(B) golf　(C) boxing

(D) car racing

(3) 私たちのまわりのたくさんの人が野球と同じくらいよくサッカーについて話します。

(4) (解答例) Baseball is the most popular sport in Japan.

解説 **1** (1) 「世界中にはいくつの言語がありますか。」

(2) 「あなたは私たちのチームで最も上手な選手の１人です。」

(3) 〈比較級＋ than any other ＋単数名詞〉「ほかのどの〜よりも…だ」　最上級の意味を表す比較級の文。「彼女はほかのどの教科よりも英語が好きです。」

2 (1) 最上級の文で，数や複数を表す語を伴って「〜の中で」というときは of を使う。

(2) not as 〜 as ...「…ほど〜ではない」

(3) 現在完了の文。snow は数えられない名詞なので，この more は much の比較級である。

(4) money は数えられない名詞なので much を使う。

3 (1) not as ... as 〜「〜ほど…ない」「博はお兄さん〔弟さん〕ほど熱心に勉強しません。」=「博のお兄さん〔弟さん〕は博よりも熱心に勉強します。」

(2) 「私はその映画に興味がありました。」＝「その映画は私には興味深かった。」

(3) 「私の姉〔妹〕は上手なピアニストです。」＝「私の姉〔妹〕はピアノを上手に弾けます。」

4 (1) 「寝る」は sleep を使い，「就寝する」という意味の go to bed は不可。because「～なので」。so「だから」を使って I had much〔a lot of〕homework, so I had little time to sleep. としてもよい。

5 (1) ⓐ like ... better than ～＝「～より…が好きだ」
ⓑ すもうが日本で1番のスポーツだと思っていたが，グラフを見たことでそれはちがうということがわかったという流れ。「グラフを見る前は～」と考えて before を使う。

(2) 本文13〜17行目参照。すもうの人気が2002年より下がり，ゴルフは上がったことにより，ゴルフの人気がすもうに近づいたとある。そして，すもうとゴルフがカーレースより人気がある。また，カーレースはボクシングの次の順位なので，すもう→ゴルフ→ボクシング→カーレースの順番に人気が高い。

(3) as ... as ～ 「～と同じくらい…」

(4) 最上級の文。popular の最上級は most popular。比較級の表現を使って Baseball is more popular than any other sport in Japan. としてもよい。

《日本語訳》
　「誠，サッカーは日本では野球と同じくらい人気があるの？」
　「いいや。ぼくたちのほとんどはまだサッカーより野球が好きだよ。」
　「本当？　ぼくたちのまわりのたくさんの人が野球と同じくらいよくサッカーについて話しているよ。」
　「わかった。ぼくはよいスポーツのウェブサイトを知っているよ。」
　彼らは誠の部屋に行きました。誠はジョンに日本のプロスポーツに関するウェブサイトを見せました。そのウェブサイトは人々に「あなたはどのプロスポーツが好きですか」とたずねていました。2002年と2007年の回答がグラフAに示されています。そのグラフから，ジョンはそれぞれのスポーツの人気を理解しました。2007年には約50％の人々が野球と答えました。それは2002年の60％からは下がっています。2007年に，サッカーはその次の順位に来ています。サッカーと答えた人々の割合は2002年からあまり変わっていません。
　「誠，きみの言うとおりだ。野球が日本で最も人気のあるスポーツなんだね。ところで，ぼくはカーレースが好きなんだ。だからそれが日本であまり人気がないとわかって少し悲しいよ。」
　「カーレースはボクシングの次の順位だね。でもレスリングより人気があるよ。」
　「ぼくはこのグラフを見るまではすもうが日本でいちばんのスポーツだと思ってたよ。」
　「そうだね，人気はあるけど，その割合は下がってきてる。ゴルフが以前よりも人気になっているね。そしてゴルフの人気はすもうの人気に近づいているよ。ゴルフとすもうは両方ともカーレースよりも人気があるね。残念だね，ジョン。」

> **🚨 誤りに気をつけよう**
>
> ・〈one of the ＋最上級＋複数名詞〉
>   Tokyo is **one of the largest** ~~city~~ in the world.　　　**↘cities**
>   「東京は世界で最も大きな都市の1つです。」
> ・〈比較級＋ than any other ＋単数名詞〉
>   Tom is **taller than any other** ~~boys~~ in his class.　　　　　　　　**↘boy**
>   「トムはクラスのほかのどの男の子よりも背が高い。」（＝最も背が高い）

高校入試 総仕上げテスト ❶

解答　　　　　　　　　　　　　p.116 ～ p.117

❶ (1) イ　(2) ア　(3) ウ　(4) ウ　(5) エ

❷ (1) for, to
　(2) where he went
　(3) as well as

❸ (解答例) I want to go shopping with my friends during (the) spring vacation. I want to buy many things but don't have enough time now, so I'd like to go shopping when I become free.

❹ (1) ① イ　③ イ
　(2) ② この市はその桜の木で有名です。
　⑤ あなた（がた）はハナミズキと呼ばれる木を知っていますか。

(3) I heard about another tree from him.
(4) are as important as the cherry

解説 ❶ (1) now「今」と past「過去」の比較。but とあることから今とはちがう状況だったとわかる。doctor は数えられる名詞なので，little ではなく few を使う。「現在女性の医者はたくさんいますが，昔はほとんどいませんでした。」

(2) 否定文のとき，「〜も」は too ではなく either を使う。「私は知美に手紙を書いていませんし，彼女に電話もかけていません。」

(3)「英語は世界中で話されている言語です。」

(4)〈ask ＋人＋ to 〜〉＝「人に〜するように頼む」「私は新鮮な空気を入れるために彼女に窓を開けるよう頼みました。」

(5) ( ) の前に関係代名詞が省略されていると考える。「ここは私たちが 2 年前に訪れた公園です。」

❷ (1)〈so ... that ＋主語＋ can 〜〉＝「とても…なので〜できる」と〈 ... enough for ＋人＋ to 〜〉＝「人が〜できるほどじゅうぶん…だ」の書きかえ。「私のカメラはとても小さいのであなたのポケットに入れて運ぶことができます。」＝「私のカメラは，あなたがポケットに入れて運ぶことができるくらい小さいです。」

(2)「彼は昨日どこに行きましたか。あなたはそれを知っていますか。」＝「あなたは彼が昨日どこに行ったのか知っていますか。」

(3) not as ... as 〜「〜ほど…ない」「私の父は私より上手にゴルフができます。」＝「私は父ほど上手にゴルフができません。」

❸ 1 文目は，〈want to ＋動詞の原形〉でしたいことを表現する。「春休みに」は during (the) spring vacation などとする。2 文目は理由を示すので，so や because などを用いるとよい。

❹ (1) ① take care of 〜「〜の世話をする」
③ as「〜として」

(2) ② be famous for 〜「〜で有名だ」
⑤ the tree を過去分詞を含む called dogwood が後ろから修飾している。

(3)「〜について聞く」hear about 〜
「もう 1 つの」another

(4) as ... as 〜「〜と同じくらい…」

《日本語訳》

こんにちは，みなさん。今日は，アメリカのある学校についてお話しようと思います。あなたがたはグリーン中学校を知っていますか。あなたがたの姉妹校です。私は約 10 年前，そこで勉強していました。

昨年，私は英語を教えるためにこの市に来ました。私がこの学校に着いたとき，とても驚きました。学校にとてもたくさんの桜の木があったのです。グリーン中学校にもたくさんの桜の木があります。グリーン中学校の生徒たちはそれらの世話をよくしています。春，木はとてもきれいです。例えば，生徒たちは長い桜の花のトンネルを楽しむことができます。桜の木の下を歩くことはとてもわくわくします。彼らはその木をとても誇りに思っています。

なぜ両方の中学校にそんなにたくさんの桜の木があるのでしょう。私はあなたがたの学校の校長先生，田中先生にたずねました。それで私は理由がわかりました。彼は言いました，「この市はその桜の木で有名です。30 年前，この学校は桜の木をグリーン中学校に友好のしるしとして送ったのです。」

私は彼からもう 1 つの木のことについて聞きました。あなたがたはハナミズキと呼ばれる木を知っていますか。学校の門のそばにいくつかのハナミズキを見ることができます。それらは春にきれいな白い花を咲かせます。あなたがたはそれらがグリーン中学校からの贈り物だと知ったら驚くかもしれません。ハナミズキは私にとって桜の木と同じくらい大切なものなのです。

私は 2 つの学校間の友好が永遠に続くことを切に願っています！

🚨 **誤りに気をつけよう**

慣用表現の A as well as B「B 同様に A も」と，比較表現の as well as 〜「〜と同じくらい上手に」を区別しよう。

I as well as my father play golf.
「父と同様に私もゴルフをします。」
I can play golf **as well as my father.**
「私は父と同じくらい上手にゴルフをすることができます。」

高校入試 総仕上げテスト ❷

❶ (1) ウ　(2) ア　(3) イ
❷ (1) What makes you so sad?
　 (2) me to take care of
　 (3) girl standing by the window is
❸ (解答例) (My uncle likes) to travel 〔traveling〕 around 〔all over〕 the world. (He has) been to 〔visited〕 about twenty countries.
❹ (1) ㋐ having 〔holding〕　㋑ shopping
　 (2) ① It looks delicious.
　 　 ② It is one of the most famous books in Japan.
❺ (1) (本を読むことは) とても楽しいから
　 (2) イ
　 (3) ウ
　 (4) 親たちを会合に招いて，親たちのお気に入りの本についていっしょに話すという活動。

解説 ❶ (1) what to 〜=「何を〜するべきか」
　A：次に何をすべきか私に教えていただけませんか。
　B：あなたはその部屋を掃除するべきです。
(2) since「〜以来」，be born「生まれる」
　A：あなたはどれくらい岩手にいますか。
　B：私は生まれてからずっとここにいます。
(3) look for 〜「〜を探す」
　A：どうしたのですか。
　B：ええと，私のかばんが見つかりません。だから今探しているのです。
❷ (1) why が不要。「何があなたをそんなに悲しませるのですか。」と考える。
(2) that が不要。〈tell ＋人＋ to 〜〉=「人に〜するように言う」
(3) stands が不要。The girl を，現在分詞を含む standing by the window が後ろから修飾している。
❸ 1 文目はメモの前半部分を，〈like ＋不定詞〉または〈like ＋動名詞〉の形で表す。2 文目は経験を意味する現在完了で表す。
❹ (1) ㋐ thank you for 〜ing「〜してくれてありがとう」
　㋑ go shopping「買い物に行く」
(2) ① 〈look ＋形容詞〉=「〜に見える」

② 〈one of the ＋最上級＋複数名詞〉=「最も〜のうちの 1 つ」

《日本語訳》
No.1
　久美：鳥取へようこそ。日本の料理を作ったの。自由に食べてね。
　ジュディ：私のためにパーティーを開いてくれてありがとう。おいしそうね。
　久美：お茶はいかが？
　ジュディ：ええ。温かいお茶をください。
　久美：いいわよ。
No.2
　フレッド：きみはこの前の週末に何をしたの？
　愛：これを見て。私は買い物に行って，この本を買ったのよ。
　フレッド：読んだことあるよ。それは日本で最も有名な本の 1 つだよね。
　愛：そうなの，作者は今とても人気なの。
❺ (1) 本文 4 〜 5 行目参照。
(2) 直後に理由が述べられている。
(3) 本文 9 〜 11 行目の First, 〜の内容と一致する。
(4) 続く 1 文に具体的な内容が述べられている。
《日本語訳》
　本を読むことは好きですか。これは図書委員会が全校生徒にたずねた質問の 1 つです。グラフを見てください。60％の生徒が本を読むことがとても好きで，27％の生徒が少し好きであるということを示しています。私たちがした別の質問は「なぜ本を読むのですか。」です。表を見てください。60％以上の生徒が，「私が本を読むのはとても楽しいから。」と答えました。およそ 50％の生徒が新しいことが学べると考えています。40％の生徒は，「私が本を読むのは，友だちが本を読んだり本について話したりするのが好きだから。」と答えました。私たちは，この答えがとても重要だと考えています。ほかの人たちと本のことについて語り，読書の喜びを感じるなら，私たちは読書にもっと興味を持つようになるでしょう。
　そこで，私たちは来年，2 つの企画をしようと思っています。1 つ目は，図書館通信を使ってどの本が生徒たちの間で人気があるかを伝えることです。私たちはまた，ある生徒たちはそれらの本について

どのように考えているのかも伝えるつもりです。2つ目は，毎月放課後に図書クラブの会合を開くことです。私たちは親のお気に入りの本についていっしょに話し合うために，親たちをその会合に招待したいと思っています。こうした企画を通して，もっとたくさんの生徒たちが本を読むことを願っています。

---■ **誤りに気をつけよう** ---

It is … to ～の文では次の形容詞がよく使われる。

difficult「難しい」，easy「やさしい」，important「重要な」，impossible「不可能な」，interesting「面白い」，necessary「必要な」など

また fun もよく使われるが，この形で使われる fun は名詞なので very などで強調できないことを覚えておこう。

It is ~~very~~ fun for me to read books.
   ↘ **a lot of**

「私にとって本を読むことはとても楽しい。」